中国古代传……故事丛书

绘图悌节经典故事

邓启铜 注释

东南大学出版社
SOUTHEAST UNIVERSITY PRESS

图书在版编目（CIP）数据

绘图悌节经典故事 / 邓启铜注释. —南京：东南大学出版社，2015.9（2020.6重印）
（中国古代传统美德经典故事丛书）
ISBN 978-7-5641-5927-6

Ⅰ.①绘… Ⅱ.①邓… Ⅲ.①品德教育-中国-青少年读物 Ⅳ.①D432.62

中国版本图书馆 CIP 数据核字(2015)第 169100 号

绘图悌节经典故事

责任编辑 彭克勇
封面设计 林绵华
出版发行 东南大学出版社
社　　址 南京市四牌楼2号　邮编：210096
出 版 人 江建中
网　　址 http://www.seupress.com
印　　刷 石家庄继文印刷有限公司
开　　本 787mm×1092mm　1/16
印　　张 12.5
字　　数 250千字
版　　次 2015年9月第1版
印　　次 2020年6月第2次印刷
书　　号 ISBN 978-7-5641-5927-6
定　　价 24.80元

前言

中华优秀传统文化是习近平总书记十八大以来治国理念的重要来源。一个国家一个民族的强盛总是以文化兴盛为支撑的，没有文明的继承和发展，没有文化的弘扬和繁荣，就没有中国梦的实现。

目前，举国上下都在践行社会主义核心价值观，即“富强、民主、文明、和谐、自由、平等、公正、法治、爱国、敬业、诚信、友善”，就其本质，与我们中华传统美德提倡的“四维八纲”即“孝悌忠信，礼义廉耻”是一致的。

民国初年，湖州老儒蔡振绅从小受父亲每晚讲一段古人嘉言懿行的故事教诲，他七岁读完《四书》，十岁读毕《五经》，十一岁读完二十一史及《尔雅》诸书，有深厚的学养和德行。当时中国动荡不安，世风愈下，德教沦丧。蔡振绅先生立志将中国传统美德故事按“孝悌忠信，礼义廉耻”汇集起来教化世人，特别是对孩童进行传统美德的教育。他找到志同道合的朋友，以正史中的故事为依据，共集了七百六十八个精彩故事，配上精美版画，再配以诗词教导儿童，这些故事都是精挑细选，可歌可泣，读后感人至深，每则故事后引用当时贤达人士的评语，发人深省。

由于当时时局的动荡，这套《八德须知》未能在社会上广为流布。根据四集自序，当时上海战事忽起，“振绅以二集三万二千部仅寄出三分之一，其已印就而尚未装订者有二万余部在战场之中无法取出……当炮火最烈之日，案前墙垣被震摇动频有崩圮之虞，甚至窗门自动震开，且相离数丈之地发现炸弹一枚亦未爆裂，幸此心未动……。”可以想见此书之不易！所幸三年前我收集到此书，看到如此精美的版画，我惊艳无比！特别是读到这些经典美德故事，让人掩卷沉思。

弘扬优秀中国传统文化，移风易俗，拯救社会道德滑坡，必须从德育教育抓起。必须从中小学少年儿童抓起，这些美德故事，分为孝、悌、忠、信、礼、义、廉、耻八个方面，各九十六则经典故事，这些故事都是历史上耳熟能详的、感人肺腑的典故，少年儿童从小熟悉这些故事，不但可以将中华传统美德植根于内心，更可以熟悉历史，从而受益终生。当然，囿于作者当时所处的社会，他所选取的故事有些明显带有局限性。在今天看来，有些虽符合传统道德标准，却违背了人性，甚至是违背了法制精神。我们在阅读时，一定要注意取其精华弃其糟粕，才符合当前弘扬优秀传统文化的精神。

这些故事，每段仅有八十余字，非常适合少儿阅读，译者注释和翻译了全文。因涉及面太广泛，有些人名、地名未能查到，有些是原书中存在的错误，特别是地名的变迁，非常复杂，来不及细考。书中存在的错讹，敬请读者不吝赐教，以便修订时更正。

邓启铜

2015.6.12

目录

赵孝争死图

yī tài bó cǎi yào

一 泰伯采药

【原评】李文耕谓:“泰伯之逃,遵朱注以让商为定论(朱熹说周太王有灭商的意思,泰伯不赞成,于是太王想传位给季历和昌,因此泰伯和仲雍就逃到了荆蛮)。然即其默窥太王爱季及昌之意,率仲弟飘然远去,使王季自然得位,而太王亦无立爱之嫌。其曲全于父子兄弟间者,浑然无迹,非至德其孰能之?”

yīn tài bó zhōu tài wáng zhǎng zǐ dì jì lì shēng zǐ
【原文】殷泰伯①，周太王长子②。弟季历，生子
chāng yǒu shèng ruì tài wáng yǒu chuán wèi jì lì yǐ jí chāng zhī
昌③，有圣瑞④，太王有传位季历以及昌之
yì tài bó zhī fù yì jí yǔ dì zhòng yōng xiāng yuē yīn fù bìng
意。泰伯知父意，即与弟仲雍相约，因父病，
yǐ cǎi yào wéi míng táo zhī jīng mán pī fà wén shēn shì bù kě
以采药为名，逃之荆蛮，被发文身⑤，示不可
yòng kǒng zǐ yǐ zhì dé biǎo zhī
用。孔子以“至德”表之⑥。

【注释】①**殷**：即商代，商王盘庚把首都迁到殷墟，所以叫“殷”。②**周**：朝代名，原本是商朝属下的方国，后来取代了商。③**昌**：即姬昌，就是后来的周文王。④**圣瑞**：开国之君诞生时出现的吉祥征兆。相传曾有红色的雀衔了一份丹书，停在姬昌的门户上。⑤**被发文身**：披发纹身。是荆蛮部落的打扮。⑥**表**：表扬。

【译文】殷朝时候的姬泰伯，是周国太王的长子。他的弟弟叫季历，季历生了一个儿子叫姬昌，曾有吉祥的征兆出现在姬昌身上。太王有把国君的位子传给季历、再传给昌的意思。泰伯知道了父王的意思，就和另一个弟弟仲雍约好，因为父王生病，就借着出去采药的名义，逃到了荆蛮的地方，披散了头发，身上画了花纹，表示再不能被任用做事了。孔子称扬泰伯有极高的道德。

èr　zhào xiào zhēng sǐ
二　赵孝争死

孔原评明赵氏昆仲(昆仲:兄弟),以至性孝友,而化及盗贼。夫恶至杀人而食之贼,且当众贼饥饿亟亟(亟亟:音jí jí,急迫)待食之时,尚可令起慈心,则世间安有不能化之人?《大学》云:“宜兄宜弟,而后可以教国人。”不其然乎?

hàn zhào xiào zì cháng píng yǔ qí dì lǐ xiāng yǒu ài suì
【原文】汉赵孝，字常平，与其弟礼相友爱①。岁
jī zéi jù yí qiū shān lüè lǐ jiāng shí zhī xiào bēn zéi
饥②，贼据宜秋山③，掠礼④，将食之。孝奔贼
suǒ yuē lǐ bìng qiě jí bù kān shí wǒ tǐ féi yuàn
所⑤，曰：“礼病且瘠⑥，不堪食⑦。我体肥，愿
dài zhī lǐ bù yǔn yuē wǒ wèi jiāng jūn suǒ huò sǐ yì mìng
代之。”礼不允，曰：“我为将军所获，死亦命
yě rǔ hé gū xiōng dì xiāng bào dà kū zéi bèi gǎn dòng bìng
也，汝何辜⑧？”兄弟相抱大哭，贼被感动，并
shì zhī shì wén zhào fēn bié qiān shòu
释之。事闻，诏分别迁授⑨。

【注释】①**礼**：赵孝的弟弟叫赵礼。②**饥**：饥荒。③**据**：占据。④**掠**：夺取。⑤**所**：地方。⑥**瘠**：瘦弱。⑦**堪**：可以，能。⑧**辜**：罪。⑨**诏**：皇帝下诏。**分别迁授**：赵孝做了长安卫尉的官，赵礼做御史中丞。

【译文】汉代的赵孝，表字常平，和弟弟赵礼很友爱。有一年闹饥荒，有强盗占据了宜秋山，把赵礼捉走了，要吃掉他。赵孝赶紧跑到强盗那里，说：“赵礼身上有病，又很瘦弱，是没办法吃的。我身体很肥，我愿意代替我弟弟让你们吃。”赵礼不答应，说：“我被将军们捉住了，就是死了，也是我命中注定的，哥哥你又有什么罪呢？”兄弟俩抱着大哭起来。强盗们被他们感动了，就放了他们。这件事传到了皇帝那儿，皇帝就下了诏书，让兄弟俩都做了官。

sān　xǔ wǔ jiào dì

三　许武教弟

【原评】许武与薛包，适(适：刚好)成一反比例。薛包让美取恶，不欲居瘠己肥侄之名，故设种种饰词以掩之。许武取多与寡，实默存抑己扬弟之心，故假种种贪行以显之。事若相反，而其用心之苦，则尤甚也。

【原文】汉许武，父卒，二弟晏、普幼。武每耕，令弟旁观，夜教读，不率教①，即自跪家庙告罪②。武举孝廉，以弟名未显，乃析产为三③，自取肥田广宅，劣者与弟④，人皆称弟而鄙武⑤。及弟均得选举，乃会宗亲⑥，泣言其故，悉推产于弟⑦。

【注释】①**率**：遵循。②**告罪**：请罪。③**析**：分。④**劣**：不好的。⑤**称**：赞扬。**鄙**：轻视。⑥**会**：聚。⑦**悉**：都。

【译文】汉代的许武，父亲早死了，两个弟弟许晏和许普当时都还很年幼。每当许武耕田的时候，就叫两个弟弟在一旁看着，晚上就教他们读书，要是弟弟不听他管教，他就自己到家庙跪着请罪。许武举了孝廉之后，因为两个弟弟还没有名声，他就把家产分成三份，自己选取了肥沃的田地和大屋子，把不好的东西都给了弟弟。于是人们都赞扬两个弟弟，对许武就很鄙夷了。等到两个弟弟也都得到选举，他就把宗族和亲戚聚起来，哭着说这样做其实是为了帮弟弟成名，并且他把所有的家产都让给了两个弟弟。

sì　jiāng gōng dà bèi

四　姜肱大被

【原评】李文耕曰:“人伦有五,惟兄弟之日长。父之生子,夫之娶妻,蚤(蚤:早)者皆以二十年为率(率:约数,大概)。惟兄弟相聚,自幼至老,多者至七八十年之久。若恩意浃洽(浃洽:音jiā qià,和谐融洽),猜忌不生,其乐岂有涯(涯:水边,泛指边际)哉?姜氏兄弟,乃真知此味矣。”

hàn jiāng gōng zì bó huái yǔ èr dì zhòng hǎi jì jiāng yǒu

【原文】汉姜肱，字伯淮，与二弟仲海、季江，友

ài tiān zhì suī gè qǔ bù rěn bié qǐn zuò dà bèi tóng mián

爱天至。虽各娶，不忍别寝①，作大被同眠。

cháng xié yì jùn yè yù dào yù shā zhī xiōng dì zhēng sǐ zéi

尝偕诣郡②，夜遇盗，欲杀之，兄弟争死，贼

liǎng shì yān dàn lüè yī zī zhì jùn jiàn gōng wú yī wèn qí

两释焉，但掠衣资③。至郡，见肱无衣，问其

gù gōng tuō yǐ tā cí zhōng bù yán dào wén gǎn huǐ yì gōng

故，肱托以他词④，终不言。盗闻感悔，诣肱

kòu xiè huán suǒ lüè wù

叩谢，还所掠物。

【注释】①**别**：分开。②**偕**：一起。**诣**：到。③**但**：只。④**托**：推托，假托。**他**：别的。

【译文】汉代的姜肱，表字叫伯淮，和两个弟弟仲海、季江都天性非常友爱。三兄弟即使都娶了妻子，也不忍分开睡，所以他们做了大被子一起睡。有一次三兄弟一起到城里去，晚上遇上一伙强盗，要把他们杀了。兄弟三人都抢着死，强盗就放了他们，只是抢走衣服和钱。到了城里，人们看到姜肱兄弟们都没有衣服穿，就问为什么。姜肱只是用别的话推托，终究不肯说被强盗掠夺一事。强盗听说了这件事，又感激又懊悔，就到姜肱那里拜谢，把之前抢走的东西都还回去了。

wǔ miào tóng zì zhuā

五 缪彤自挝

【原评】李文耕曰："骨肉之间，无责善之理。父子既然，兄弟可知。观缪公返躬自责，而诸弟及诸妇遂人人知悔，转为敦睦，可知天地间除自责自尽外，更无道理矣。"

hàn miào tóng zì yù gōng shào gū xiōng dì sì rén tóng jū
【原文】汉缪彤，字豫公。少孤，兄弟四人同居。

jí gè qǔ qī zhū fù suì qiú fēn yì shuò yǒu zhēng dòu zhī yán
及各娶妻，诸妇遂求分异①，数有争斗之言。

tóng fèn tàn nǎi yǎn hù zì zhuā yuē miào tóng rǔ xiū shēn jǐn
彤愤叹，乃掩户自挝曰②："缪彤，汝修身谨

xíng xué shèng rén zhī fǎ jiāng yǐ qí zhěng fēng sú nài hé bù néng
行，学圣人之法，将以齐整风俗③，奈何不能

zhèng qí jiā hū dì jí zhū fù wén zhī xī kòu tóu xiè zuì gèng
正其家乎？"弟及诸妇闻之，悉叩头谢罪，更

wéi dūn mù
为敦睦④。

【注释】①**分异**：分居。②**掩**：关闭。**挝**：打。③**齐整**：整饬。④**敦**：厚道。

【译文】汉代的缪彤，表字豫公。他很小的时候就失去了父亲，兄弟四个人住在一起。等到他们各自娶了妻子，这些媳妇就要求均分家产，已经有了几次争吵。缪彤对此气愤叹息，于是关了门自己打自己，说道："缪彤啊，你修养身心，谨慎行事，学习圣人的法则，然后要去整饬天下的风俗，可为什么却不能够让自己的家庭也端正起来呢？"他的弟弟们和几个妇女听到了，就都跟缪彤叩头谢罪，从此他们一家人就更加友爱和睦了。

六　王览争酖

liù　wáng lǎn zhēng zhèn

【原评】许止净曰:“祥览二人,颇与卫公子伋寿相类。惟彼则均不得其死,此则富贵寿考,声施烂(烂:有光彩)焉,则有幸有不幸也。而彼朱氏者,徒以我执(我执:自己的看法)太甚,爱其子反以伤其心,贻(贻:遗留)恶名于后世,亦太愚哉!”

【原文】晋王览，母挞其异母兄祥，览辄流涕抱持。母虐使祥及祥妻[①]，览与妻亦趋共之[②]。祥渐有时誉，母疾之，乃酖祥[③]。览知，取酒争饮，母遽覆酒[④]，遂感悟。吕虔有佩刀，相其文[⑤]，佩者至三公[⑥]。虔与祥，祥以授览，后果九代公卿。

【注释】①**虐使**：不合理地差使。②**趋**：奔，赶。③**酖**：通“鸩”，酒里下鸩毒。④**遽**：急。**覆**：倒。⑤**相**：看。⑥**三公**：古代中央三种最高官衔的合称。

【译文】晋代有个王览，每当他母亲打他不同母的哥哥王祥的时候，他都会流着眼泪抱住哥哥。每当他母亲很粗暴地差使王祥和王祥的妻子，王览和他妻子也都会赶去和哥哥嫂子一起做事。王祥在当时的社会上渐渐有了声誉，王览的母亲就很妒忌他，于是要用毒酒杀死他。王览知道了这件事，拿过毒酒争着要喝，他母亲赶紧把毒酒倒了，因为这件事他母亲也感悟了。吕虔有把佩刀，看刀上的字纹，说带了这刀的人，可以做到三公的官位。吕虔把佩刀送给了王祥，王祥又给了王览，其后代子孙果然有九代都做了公卿高官。

qī yǔ gǔn shì yì

七 庾衮侍疫

【原评】衮不畏疫，父老异之，以为守人所不能守，行人所不能行。然疫非不足畏，第(第：但是)骨肉至情，自不当舍去，亦不忍舍去耳。此中原不容畏避心，亦不容徼幸(徼幸：侥幸)心，世人一涉计较，便失之矣。

jìn yǔ gǔn zì shū bāo shí zhí dà yì èr xiōng sǐ yān
【原文】晋庾衮，字叔褒。时值大疫，二兄死焉，
cì xiōng pí fù wēi lì qì fāng chì fù mǔ zhū dì xī wài bì
次兄毗复危。疠气方炽①，父母诸弟悉外避，
gǔn dú bú qù zhū fù qiǎng zhī gǔn yuē xìng bú wèi bìng suì
衮独不去。诸父强之，衮曰：“性不畏病。”遂
qīn zì fú chí zhòu yè bù mián jiàn fù fǔ jiù āi qì shí yú
亲自扶持，昼夜不眠，间复抚柩哀泣②。十余
xún yì zhǐ jiā rén nǎi fǎn pí bìng dé chài gǔn yì wú
旬，疫止，家人乃反③。毗病得瘥④，衮亦无
yàng fù lǎo yì zhī
恙，父老异之。

【注释】①**疠**：瘟疫。**炽**：旺盛。②**间**：有时，断续。**柩**：装有尸体的棺材。③**反**：通“返”，返回。④**瘥**：病愈。

【译文】晋代的庾衮，表字叫叔褒。当时遇上了很严重的瘟疫，他两个哥哥都病死了，第二个哥哥庾毗又病得很危重。瘟疫的气非常盛，他的父母和弟弟们都到外面避难去了，只有庾衮一个人不肯去。他的伯父、叔父们逼着他一起走，庾衮就说：“我生来是不怕病的。”于是他亲自扶持照顾着哥哥，白天晚上都不睡觉，有时还抚摸着两个已死哥哥的棺材，伤心地哭着。过了一百多天，瘟疫终于消失了，家里人才又回家来。这时候庾毗的病已经痊愈了，庾衮也没事，父老乡亲都觉得这事很奇怪。

bā　liú jīn shù dài
八　刘璡束带

【原评】兄弟非疏远之人，卧室非几席之地，夜睡非进退之时。乃以束带未完，礼貌欠周，一应对且不敢，其敬兄可知矣。《孝经》云：“事兄悌，故顺可移于长；居家理，故治可移于官。”立操(操：品行)如此，宜其为当代名臣矣。

nán qí liú jīn zì zǐ jìng huán zhī dì yě fāng yì

【原文】南齐刘琎①，字子敬，瓛之弟也②，方毅

zhèng zhí sòng tài yù zhōng wéi míng dì wǎn láng qí xiōng cháng yú

正直。宋泰豫中③，为明帝挽郎④。其兄尝于

yè jiān gé bì hū zhī jīn bù dá zhì xià chuáng zhuó yī zhèng lì

夜间隔壁呼之，琎不答，至下床着衣正立，

rán hòu yìng huán guài qí chí jīn yuē xiàng yīn shù dài wèi

然后应。瓛怪其迟，琎曰："向因束带未

wán gù bù gǎn yìng ěr qí jìng xiōng rú cǐ shì yǐ wéi yí dài

完，故不敢应耳。"其敬兄如此，是以为一代

míng chén

名臣。

【注释】①**南齐**：南北朝时期南朝的齐朝。②**瓛**：刘瓛是当时著名的学者、文学家。③**宋**：指南朝的宋朝。**泰豫**：宋明帝年号。④**挽郎**：出殡时牵引灵柩唱挽歌的人。

【译文】南北朝时期，南齐的刘琎，表字子敬，是刘瓛的弟弟，他为人很刚毅正直。在南宋朝泰豫年间做过明帝的挽郎。有一天半夜，他哥哥刘瓛在隔壁房间叫他名字，刘琎没有立即答应他。等到下了床穿好衣服，端正地站着之后，才答应刘瓛。刘瓛怪他这么慢，他说："刚才因为衣服的带子还没有束好，所以不敢这样草率就答应。"刘琎敬重哥哥就像这样，所以终于成为一代名臣。

jiǔ niú hóng bú wèn
九 牛弘不问

【原评】李文耕曰:“兄弟之嫌(嫌:怨恨),多起于妇人。然妇虽善间(间:挑拨离间),岂能间无可间之骨肉?如牛弘闻弟杀牛,而第曰作脯,妻复言之,仅答曰已知。若欲再言,则已读书去矣,饶舌(饶舌:话多)妇其奈之何哉?”

suí niú hóng běn xìng liáo fù yǔn wéi hòu wèi shì zhōng
【原文】隋牛弘[1]，本姓寮。父允，为后魏侍中[2]，
cì xìng niú hóng hào xué bó wèn guān lì bù shàng shū qí dì bì
赐姓牛。弘好学博问，官吏部尚书。其弟弼
cháng xù jiǔ shè shā hóng jià chē niú qī gào yuē shū shè shā
尝酗酒射杀弘驾车牛[3]，妻告曰："叔射杀
niú hóng bù yǐ wéi yì dàn dá yuē zuò fǔ qī yòu
牛。"弘不以为意，但答曰："作脯[4]。"妻又
yuē shū shè shā niú dà shì yì shì hóng dá yuē yǐ
曰："叔射杀牛，大是异事。"弘答曰："已
zhī yán sè zì ruò dú shū bú chuò
知。"颜色自若[5]，读书不辍[6]。

【注释】①**隋**：朝代名，隋文帝杨坚所建，结束南北朝分裂局面，重新统一中国。②**后魏**：北朝的第一个朝代，拓拔珪所建，也称北魏。**侍中**：门下省的长官。③**酗**：撒酒疯。④**脯**：肉干。⑤**自若**：镇定，一如既往。⑥**辍**：停止。

【译文】隋代的牛弘，原本姓寮。他父亲寮允是后魏的侍中，皇帝赐给他姓牛。牛弘喜欢读书，学识渊博，当官做到了吏部尚书。牛弘的弟弟牛弼曾经醉酒闹事，把牛弘驾车的一头牛射死了。牛弘的妻子就告诉牛弘说："叔叔把你驾车的一头牛射死了。"牛弘没有放在心上，只回答说："做成肉干吃就行了。"妻子又说："叔叔射杀了你一只牛，是很奇怪的事啊！"牛弘又回答说："我已经知道了。"他脸色还是很镇定，仍然在读书，没有停下。

shí tián zhēn tàn jīng
十 田真叹荆

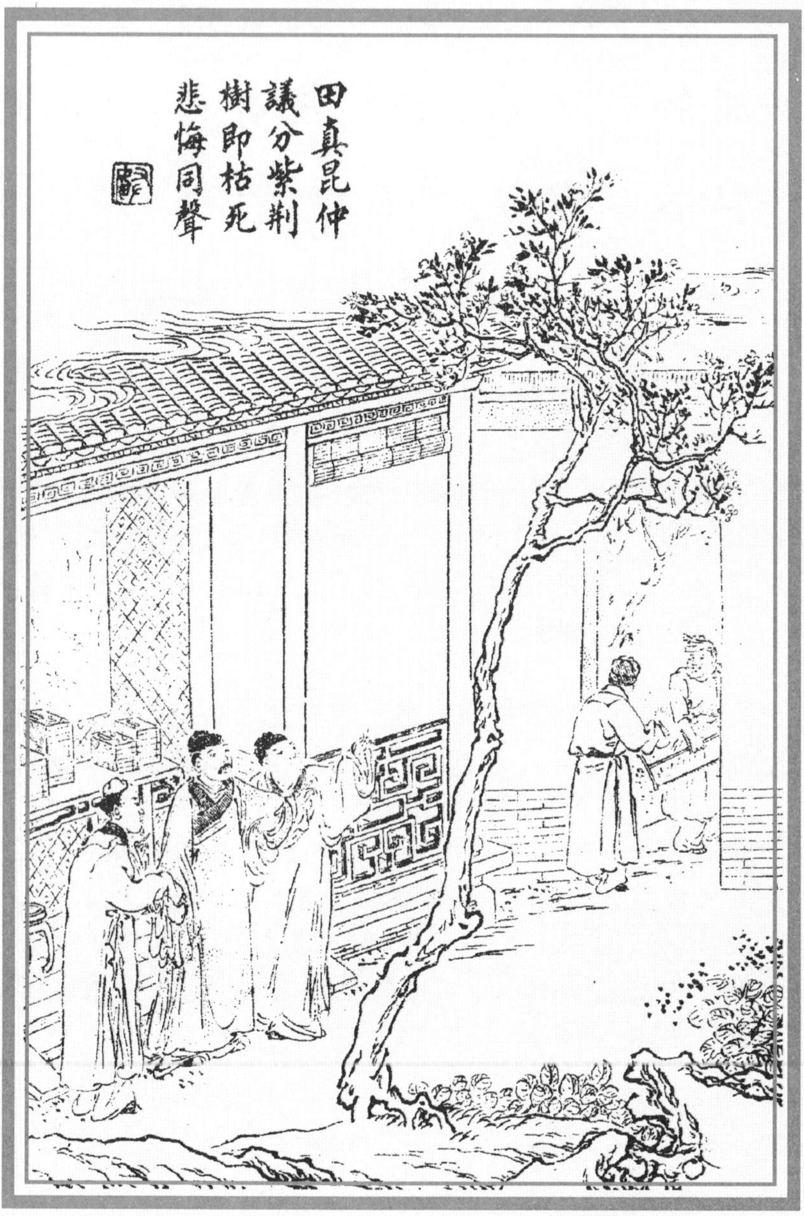

【原评】李文耕谓："田氏久翕(翕：音xī，合)，其庭树亦敷荣(敷荣：开花)于和气之中。至于析(析：分)财异居，伤其和气，即不闻分斫之议，树亦应枯死矣。既而兄弟同居，荆花重艳，岂非和气复回之证乎？真以兄弟比树之同气连枝，最为切近。"

suí tián zhēn tián qìng tián guǎng xiōng dì sān rén yì fēn cái
【原文】隋田真、田庆、田广兄弟三人，议分财
chǎn zī jiē jūn píng táng qián yǒu zǐ jīng shù mào shèn yì fēn
产，资皆均平[①]。堂前有紫荆树，茂甚，议分
wéi sān qí shù jí kū zhēn tàn yuē shù běn tóng zhū wén jiāng
为三，其树即枯。真叹曰："树本同株，闻将
fēn zhuó suǒ yǐ qiáo cuì shì rén bù rú mù yě yīn bēi bú
分斫[②]，所以憔悴。是人不如木也。"因悲不
zì shèng xiōng dì fù tóng jū yù xiāng yǒu ài zǐ jīng fù róng mào
自胜[③]。兄弟复同居，愈相友爱，紫荆复荣茂
rú gù
如故。

【注释】①**资**：钱财。②**斫**：砍。③**胜**：承受。

【译文】隋代有田真、田庆、田广三兄弟，商量着要分财产，钱物都已经平均分配了。但他们家堂前有一棵紫荆树，长得非常茂盛，他们商量着把树平均分成三份，结果这棵树就立刻枯死了。田真感叹道："树木原本是同株连根的，听我们说要把它砍开，所以就憔悴枯萎了。这说明我们人还不如一棵树。"因此他非常地悲伤。于是三兄弟仍旧住在一起，彼此更加友爱，而那棵紫荆树又像从前一样繁荣茂盛了。

shí yī lǐ jì fén xū

十一 李勣焚须

【原评】李文耕曰:“姊妹出嫁,服(服:丧服)降弟兄一等,然固我之同气也。况父母牵挂,尤多在于女儿,爱父母未有不爱及姊妹者。李仆射为姐煮粥,焚须不顾,读其对姐数语,恺恻之思,溢于言外,令人凄然生感。”

táng lǐ jì zì mào gōng běn xìng xú tài zōng cì xìng
【原文】唐李勣①，字懋功，本姓徐，太宗赐姓
lǐ yǐ gōng fēng yīng guó gōng chū wéi pú yè shí qí jiě bìng
李，以功封英国公。初为仆射时②，其姐病，
jì qīn wèi rán huǒ zhǔ zhōu fēng huí fén qí xū jiě yuē pú
勣亲为燃火煮粥。风回，焚其须。姐曰：“仆
qiè duō yǐ hé zì kǔ rú cǐ jì yuē qǐ wèi wú rén yé
妾多矣，何自苦如此？”勣曰：“岂为无人耶？
gù jīn jiě nián lǎo jì yì lǎo suī yù shuò wèi jiě zhǔ zhōu qí
顾今姐年老③，勣亦老，虽欲数为姐煮粥，其
kě dé hū
可得乎？”

【注释】①**唐**：朝代名，唐高祖李渊所建，取代隋代。勣：同“绩”。②**仆射**：官名，在唐朝等同于宰相。③**顾**：不过。

【译文】唐代的李勣，表字懋功。原本姓徐，唐太宗赐给他姓李，还因为功劳大，被封做英国公。当初李勣做仆射的时候，他姐姐生病了，李勣就亲自烧火给她煮粥。一阵风吹来，李勣的胡须竟被烧着了。他姐姐就说：“家里的仆人婢女那么多，你为什么要自己这么辛苦呢？”李勣说：“难道是因为没有人来做这些事吗？只是因为现在姐姐老了，我也老了，即使想经常给姐姐煮粥，还能够吗？”

十二 文本乞恩

shí èr wén běn qǐ ēn

【原评】情到至处，无不感动，况贤明如太宗乎！文本爱弟，出于至情，实根于至性。发悲哀之语，陈恳切之衷，且垂涕泣而道之。卒以感动君王，收回成命，得免慈亲之愁瘁，兼保弱弟之安宁，殊(殊：特别，很)令人叹服不置(不置：不止)。

táng cén wén běn wéi yòu xiàng dì wén zhāo rèn jiào shū
【原文】唐岑文本，为右相[1]。弟文昭任校书
láng duō jiāo qīng bó tài zōng bú yuè wèi wén běn yuē qīng dì
郎[2]，多交轻薄。太宗不悦，谓文本曰：“卿弟
duō gù zhèn jiāng chū zhī wén běn yuē chén dì shào gū lǎo
多故[3]，朕将出之。”文本曰：“臣弟少孤，老
mǔ tè zhōng ài lìng chū wài mǔ bì chóu cuì wú cǐ dì shì
母特钟爱。令出外，母必愁瘁[4]。无此弟，是
wú lǎo mǔ yě róng chén guī jí yán quàn jiè zhī yīn qì xià wū
无老母也。容臣归，极言劝诫之。”因泣下呜
yè shàng mǐn qí yì ér zhǐ
咽，上愍其意而止[5]。

【注释】①**右相**：有些朝代有左右两个丞相。②**校书郎**：校勘书籍的官。③**故**：事故。④**瘁**：病。⑤**愍**：怜悯。

【译文】唐代的岑文本，是朝廷的右丞相。他弟弟文昭则担任校书郎一职，但交往的多是轻薄的人。唐太宗对此很不高兴，对岑文本说：“你弟弟事故很多，朕要把他调到外边去。”岑文本回答说：“臣的弟弟从小就没了父亲，我的老母亲特别宠爱他。如果皇上要调他出去，我的老母亲一定会忧愁成疾的。没有这个弟弟，就等于没有我的老母亲了。还请皇上容许臣回去尽力劝诫他吧。”说完他就流下眼泪，呜咽起来了。太宗可怜他爱护弟弟的感情，就收回了决定。

shí sān　gōng yì bǎi rěn

十三　公艺百忍

【原评】李文耕曰:“处家之道,非一忍字所能尽。然忍固争之反,化之渐也。凡憎嫌之端,初起甚微,结之便深,构之便大,一忍则无事矣。况相效于忍,有不和顺者乎?张公治家,更有规范,然忍字固其得力处也。”

táng zhāng gōng yì jiǔ shì tóng jū gāo zōng wèn qí mù zú zhī

【原文】唐张公艺，九世同居。高宗问其睦族之

dào gōng yì qǐng zhǐ bǐ yǐ duì nǎi shū rěn zì bǎi yú yǐ

道，公艺请纸笔以对，乃书“忍”字百余以

jìn qí yì yǐ wéi zōng zú suǒ yǐ bú mù yóu zūn zhǎng yī shí huò

进。其意以为宗族所以不睦，由尊长衣食或

yǒu bù jūn bēi yòu lǐ jié huò yǒu bú bèi gèng xiāng zé wàng

有不均，卑幼礼节或有不备①，更相责望②，

suì wéi guāi zhēng gǒu néng xiāng yǔ rěn zhī zé jiā dào yōng mù

遂为乖争③。苟能相与忍之④，则家道雍睦

yǐ

矣⑤。

【注释】①**备**：完备。②**望**：责备。③**乖**：不和谐。④**苟**：如果。**相与**：互相，共同。⑤**雍**：和谐。

【译文】唐代的张公艺，家里九代人住在一起。高宗问张公艺他使家族和睦的方法是什么，张公艺请求用纸笔来回答，于是张公艺一连写了一百多个“忍”字给皇上。张公艺的意思是，他认为宗族间之所以会不和睦，往往是因为尊长的衣食或者有了不平均，卑幼的礼节或者有了不完备。大家互相责问，互相埋怨，于是就演变成不和谐及纷争。如果都能互相忍让，那么家道就会很和谐和睦了。

shí sì　shì xuǎn ràng chǎn
十四　士选让产

【原评】明代俞僧与伯之六子，七分其祖产，士选与叔之七子，八析其祖遗。俞僧因从其妻之言，士选则出于己之意，彼则后报以富，此则先报以贵。后先辉映，天之报施皆不爽，盖士选尤贤于俞僧也。

wǔ dài zhāng shì xuǎn yòu sàng fù mǔ qí shū yù zhī zǔ
【原文】五代张士选[①]，幼丧父母，其叔育之。祖
chǎn wèi xī shū yǒu qī zǐ xuǎn nián shí qī shū yuē jīn yǔ
产未析[②]，叔有七子，选年十七，叔曰："今与
zǐ xī chǎn wéi èr gè dé qí yī xuǎn yuē shū yǒu zhū xiōng
子析产为二，各得其一。"选曰："叔有诸兄
dì qī rén kě fēn wéi bā shū gù cí xuǎn ràng yù lì yīn
弟七人，可分为八。"叔固辞，选让愈力，因
cóng zhī shí xuǎn zài guǎn shù zhě chēng qí mǎn miàn yīn zhì bì
从之。时选在馆[③]，术者称其满面阴骘[④]，必
gāo dì hòu guǒ rán
高第[⑤]，后果然。

【注释】①**五代**：唐朝灭亡后，在中原地区先后出现五个朝代，分别是后梁、后唐、后晋、后汉、后周，史称"五代"。②**析**：分。③**馆**：教书的地方。④**术者**：相士。**阴骘**：阴德。⑤**高第**：科举中士。

【译文】五代时期的张士选，幼年时候就失去父母，他的叔叔就负责养育他。他祖父的遗产还没有分配，他叔叔有七个儿子，到张士选十七岁的时候，叔叔说："现在我和你把你祖父的遗产分成两份，我们各得一份。"张士选说："叔叔生有兄弟七人，可以把遗产分成八份。"他叔叔坚持推辞，张士选就越是推让，因此他叔叔就听他的了。当时张士选还在书馆里读书，有看相的人说他满脸阴德，科举考试一定能高中，后来果然是这样。

shí wǔ chén fǎng bǎi quǎn

十五 陈昉百犬

【原评】许止净曰："一犬不至，群犬不食，后之论者颇疑之，谓史氏浮夸。殊不知《孝友传》中，感及毒蛇猛兽，化及蚊蚋虮虱(蚋：音ruì。虮：音jǐ，虱的卵)，何况于犬？《高僧传》中，亦有犬过午不食者，何独疑于陈氏之犬乎？"

【原文】
sòng chén fǎng zì qí zǔ chóng yí zhì yǐ lái shí sān shì
宋陈昉，自其祖崇遗制以来①，十三世
tóng jū zhǎng yòu qī bǎi yú kǒu bú xù bì pú shàng xià qīn
同居。长幼七百余口，不畜婢仆②，上下亲
mù rén wú jiàn yán měi shí bì qún zuò guǎng táng wèi chéng rén
睦，人无间言③。每食，必群坐广堂，未成人
zhě bié xí yǒu quǎn bǎi yú gòng cáo ér shí yī quǎn bú zhì
者别席④。有犬百余，共槽而食，一犬不至，
qún quǎn bù shí xiāng lǐ jiē huà zhī zhōu shǒu zhāng qí xián shàng qí
群犬不食。乡里皆化之⑤。州守张齐贤上其
shì miǎn qí jiā yáo
事，免其家繇⑥。

【注释】①**崇**：陈昉的祖父叫陈崇，宜都王陈叔明的第十世孙。**遗制**：遗留下来的成规。②**畜**：收容，此处指雇用婢女仆人。③**间言**：离间的话。④**别**：另外的。⑤**化**：感化。⑥**繇**：同“徭”，徭役，被官府征去做无偿劳动。

【译文】宋代的陈昉，自从他祖父陈崇留下成规以来，整个家族一直住在一起，已经有十三代了。家里大大小小有七百多人，但没有雇用婢女仆人，上上下下都很亲睦，每个人都不说挑拨离间的话。每当吃饭的时候，大家一定一起坐在大堂里，未成年人就坐在另外的席上。家里养了一百多条狗，都在一个槽子里吃东西。如果有一条狗没有到，所有狗都不会先吃。乡里的人们都被陈昉家给感化了。州官张齐贤把这个情况上奏到朝廷，免除了他家的徭役。

shí liù wén càn jù jiàn

十六　文灿拒间

【原评】尝闻杜衍以母改适(改适:改嫁),二兄遇之无状(无状:无理),至引(引:举)剑斫之,伤脑,出血数升,衍受之不怨,可谓悌矣。周文灿之兄,仰弟为生,且赖弟而得饮酒,乃乘醉殴之,宜邻人之不平。而灿反斥为离间,其悌尤不可及。

【原文】<ruby>宋<rt>sòng</rt></ruby><ruby>周<rt>zhōu</rt></ruby><ruby>文<rt>wén</rt></ruby><ruby>灿<rt>càn</rt></ruby><ruby>之<rt>zhī</rt></ruby><ruby>兄<rt>xiōng</rt></ruby>，<ruby>性<rt>xìng</rt></ruby><ruby>嗜<rt>shì</rt></ruby><ruby>酒<rt>jiǔ</rt></ruby>，<ruby>素<rt>sù</rt></ruby><ruby>仰<rt>yǎng</rt></ruby><ruby>文<rt>wén</rt></ruby><ruby>灿<rt>càn</rt></ruby><ruby>为<rt>wéi</rt></ruby><ruby>生<rt>shēng</rt></ruby>①。<ruby>一<rt>yī</rt></ruby><ruby>日<rt>rì</rt></ruby>，<ruby>饮<rt>yǐn</rt></ruby><ruby>酒<rt>jiǔ</rt></ruby><ruby>大<rt>dà</rt></ruby><ruby>醉<rt>zuì</rt></ruby><ruby>后<rt>hòu</rt></ruby>，<ruby>无<rt>wú</rt></ruby><ruby>故<rt>gù</rt></ruby><ruby>痛<rt>tòng</rt></ruby><ruby>殴<rt>ōu</rt></ruby><ruby>文<rt>wén</rt></ruby><ruby>灿<rt>càn</rt></ruby>②，<ruby>其<rt>qí</rt></ruby><ruby>邻<rt>lín</rt></ruby><ruby>人<rt>rén</rt></ruby><ruby>闻<rt>wén</rt></ruby><ruby>之<rt>zhī</rt></ruby>，<ruby>咸<rt>xián</rt></ruby><ruby>为<rt>wèi</rt></ruby><ruby>不<rt>bù</rt></ruby><ruby>平<rt>píng</rt></ruby>③。<ruby>文<rt>wén</rt></ruby><ruby>灿<rt>càn</rt></ruby><ruby>怒<rt>nù</rt></ruby><ruby>曰<rt>yuē</rt></ruby>：“<ruby>兄<rt>xiōng</rt></ruby><ruby>非<rt>fēi</rt></ruby><ruby>殴<rt>ōu</rt></ruby><ruby>汝<rt>rǔ</rt></ruby>，<ruby>何<rt>hé</rt></ruby><ruby>得<rt>dé</rt></ruby><ruby>离<rt>lí</rt></ruby><ruby>间<rt>jiàn</rt></ruby><ruby>我<rt>wǒ</rt></ruby><ruby>骨<rt>gǔ</rt></ruby><ruby>肉<rt>ròu</rt></ruby><ruby>耶<rt>yé</rt></ruby>？”<ruby>司<rt>sī</rt></ruby><ruby>马<rt>mǎ</rt></ruby><ruby>温<rt>wēn</rt></ruby><ruby>公<rt>gōng</rt></ruby><ruby>常<rt>cháng</rt></ruby><ruby>书<rt>shū</rt></ruby><ruby>其<rt>qí</rt></ruby><ruby>事<rt>shì</rt></ruby><ruby>以<rt>yǐ</rt></ruby><ruby>戒<rt>jiè</rt></ruby><ruby>人<rt>rén</rt></ruby>④。

【注释】①**仰**：依靠。②**殴**：打。③**咸**：都。④**司马温公**：司马光，详见下一篇《温公爱兄》。

【译文】宋代的周文灿，哥哥生性爱喝酒，一向都依靠周文灿生活。有一天，他哥哥喝酒喝得大醉，无缘无故把周文灿痛打了一顿。他们的邻居听说了，都为周文灿打抱不平。周文灿却生气地说：“我哥哥又不是打你们，你们怎么可以离间我们骨肉至亲呢？”司马温公常常写下这件事去劝戒别人。

十七　温公爱兄
shí qī　wēn gōng ài xiōng

【原评】李文耕曰："温公一代完人，孝友出于天性。其于伯兄，奉之如严父，敬之至也，保之如婴儿，爱之至也。饥寒饱暖，刻刻关心，不几(几：接近，差不多)于'听无声，视无形'乎？友爱至极，蔑(蔑：无)以加矣。"

sòng sī mǎ wēn gōng míng guāng zì jūn shí xiào yǒu zhōng xìn
【原文】宋司马温公，名光，字君实。孝友忠信，
wéi yī dài míng rú xián xiāng yǔ qí xiōng bó kāng míng dàn yǒu ài shèn
为一代名儒贤相。与其兄伯康名旦，友爱甚
dǔ bó kāng nián bā shí gōng fèng zhī rú yán fù bǎo zhī rú yīng
笃。伯康年八十，公奉之如严父①，保之如婴
ér měi shí shǎo qǐng zé wèn yuē dé wú jī hū tiān shǎo
儿。每食少顷②，则问曰："得无饥乎③？"天少
lěng zé fǔ qí bèi yuē yī dé wú báo hū
冷，则抚其背曰："衣得无薄乎？"

【注释】①**严父**：父亲通常对子女管教严格，所以古代也称父亲为"严父"。②**少顷**：片刻，一会儿。③**得无**：恐怕，是否。

【译文】宋代的司马温公，名叫光，表字叫君实。他对父母很孝顺，对兄弟很友爱，对皇上很忠心，对朋友很诚信，是公认的一代著名儒士、一代贤良宰相。他的哥哥司马伯康名字叫做旦，他们俩非常友爱。司马伯康年纪八十岁了，司马温公服侍他就像服侍父亲一样，保护他就像保护婴儿一样。每餐饭后，不一会儿就问哥哥："是不是饿了？"天气稍微有点冷，他就摸着哥哥的背说道："衣服是不是太薄了？"

十八　朱显焚券

shí bā　zhū xiǎn fén quàn

【原评】兄弟，父之一气也。从（从：堂房亲属）兄弟，祖父之一气也。祖父视群孙无轻重，亦犹父视诸子无轻重也。朱显胞弟，仅一耀耳，而群从则多贫。乃以祖父已分之券，火之而复同居，非违祖父之命，实深慰祖父之心尔。

yuán zhēn dìng yǒu zhū xiǎn zhě zhì yuán zhōng qí zǔ fù yǐ

【原文】元真定有朱显者[①]，至元中[②]，其祖父已

fēn shòu cái chǎn dài zhì zhì zhōng xiǎn niàn qí zhí yàn fǎng děng nián

分授财产。迨至治中[③]，显念其侄彦昉等年

yòu wú shì nǎi wèi qí dì yào yuē fù zǐ xiōng dì běn tóng

幼无恃[④]，乃谓其弟耀曰：“父子兄弟，本同

yī qì kě yì chǔ hū nǎi huì bài zǔ mù xià qǔ fēn quàn jìn

一气，可异处乎？”乃会拜祖墓下，取分券尽

fén zhī fù tóng jū yān

焚之[⑤]，复同居焉。

【注释】①**真定**：在今河北正定县。②**至元**：元世祖年号。③**迨**：等到。**至治**：元英宗年号。④**恃**：依靠。⑤**分券**：分产分居的契据。

【译文】元代的时候，在真定有一个叫朱显的人。在元世祖至元年间，他祖父已经把财产分好传给子孙了。到了元英宗至治年间，朱显考虑到侄子朱彦昉等人没有父母可以依靠，就跟弟弟朱耀说：“父子兄弟原本都是一气的，难道可以不住一起吗？”于是他们把宗族会聚起来，拜在祖父坟前，拿出祖父给他们的分产分居的契据全部烧掉，然后众人又住在一起了。

shí jiǔ zhāng rùn wú sī

十九 张闰无私

【原评】先于闰者，唐有张公艺九世同居，宋有陈昉十三世同居。后于闰者，明有郑濂七世同居，唐宋元明，代有其人。而张闰事，与唐时张孟仁家同，后先辉映。共织一室，不为私蓄，互乳其子，令人钦佩无已(已：止)。

【原文】
yuán zhāng rùn bā shì bú yì cuàn jiā rén bǎi yú kǒu wú
元张闰，八世不异爨①，家人百余口，无
jiàn yán měi rì shǐ zhū fù nǚ jù zài yī shì wéi nǚ gōng
间言②。每日，使诸妇女聚在一室为女功③，
gōng bì liǎn zhù yī kù shì wú sī cáng yòu zhì tí qì zhū
工毕，敛贮一库④，室无私藏。幼稚啼泣⑤，诸
mǔ jiàn jí bào bǔ bú wèn shú wéi jǐ ér ér yì bù zhī shú
母见即抱哺⑥，不问孰为己儿，儿亦不知孰
wéi jǐ mǔ jìn shēn zhī jiā zì wèi bù rú zhì yuán zhōng jīng
为己母。搢绅之家⑦，自谓不如。至元中⑧，旌
biǎo qí mén
表其门⑨。

【注释】①**爨**：灶，烧火做饭。②**间**：离间。③**女功**：妇女所做的纺织、刺绣、缝纫等工作。④**敛贮**：收藏。⑤**稚**：幼小。⑥**哺**：喂食。⑦**搢**：插。**绅**：绅，古代仕宦和儒者腰上的大带。**搢绅**：绅上插笏，用作仕宦或儒者的代称。⑧**至元**：这里是元惠宗（顺帝）年号，与上一篇的至元年号不同。⑨**旌表**：官府立牌坊赐匾额，以示表彰。

【译文】元代的张闰，家里有八代不分炊做饭了。家里有一百多口人，但都不说挑拨离间的话。每天，家里的妇女们聚在一间屋子里做女工，做好之后，就都收藏在一个库里，各人的房间都没有私藏的东西。小孩啼哭的时候，各位做母亲的无论哪一个，只要见到了就抱起来喂食，不问哪一个是自己的孩子，小孩子们也因此不清楚谁是自己的母亲了。那些显贵的官府人家，也都自认为不及张闰他们家。在元惠宗至元年间，朝廷就旌表了他们的门庭。

èr shí　zhāng yì dài lù
二十　章溢代戮

【原评】从来处变(处变：遇到变故)之时，最足验人真情。章溢于流离颠沛中，兢兢(兢兢：小心)焉为其兄顾一线宗祀，愿舍身代侄，以独存无父孤儿。笃志深情，处义直到尽处，苟非烈丈夫识义理者，何能若此？

yuán zhì zhèng rén chén huáng zhōu yāo zéi zì mǐn fàn lóng quán

【原文】元至正壬辰①，黄州妖贼，自闽犯龙泉②。

zàn shàn zhāng yì tóng qí zhí cún rén bì luàn shān zhōng cún rén wèi

赞善章溢同其侄存仁③，避乱山中，存仁为

zéi suǒ huò yì yuē wú xiōng zhǐ yī zǐ bù kě shǐ wú hòu

贼所获。溢曰：“吾兄止一子，不可使无后。”

nǎi chū yù zéi yuē ér yòu wú zhī wǒ yuàn dài ér gù qǐng

乃出语贼曰：“儿幼无知，我愿代儿。”固请

miǎn lù qí zhí zhì yú háo tòng zéi yì zhī jù shì yān

免戮其侄，至于号恸④。贼义之，俱释焉。

【注释】①**至正**：元惠宗(顺帝)年号。②**闽**：福建。**龙泉**：浙江县名。今浙江龙泉市。③**赞善**：官名，也叫赞善大夫，掌管传令、讽谏、赞礼仪等。章溢后来担任这个官职。④**恸**：悲哀大哭。

【译文】元顺帝至正壬辰年间，黄州地方的妖贼从福建一路过来，侵犯了龙泉县。后来做官到赞善的章溢，和侄子章存仁逃到山里避乱，但章存仁被妖贼捉住了。章溢说：“我哥哥只有这一个儿子，不可以让我哥哥没有后代。”于是出去跟妖贼说：“小孩还很无知，我愿意代替他被你们杀。”他坚持请求妖贼不要杀他侄子，最后到了大哭的地步。妖贼觉得他很有义气，就把他们都放了。

èr shí yī　zhèng lián suì lí

二十一　郑濂碎梨

【原评】张闳八世同居百余口，陈昉十三世同居七百余口，可谓繁矣。而郑濂七世同居千余口，宜郡守旌其门为“天下第一家”也。问其治家之道，惟守家法，不听妇言。呜呼！妇人之言，家之斧斤也，可不慎欤？

【原文】明郑濂，七世同居，门旌“天下第一家”[1]。太祖召问曰：“汝家人口若干？”对曰：“千余。”因问治家之道，对曰：“惟不听妇人言耳。”上赐二梨，濂拜受归。上命校尉瞷之[2]。濂至家，召家人齐谢恩，置水二缸，碎梨入水，饮之。上大悦。

【注释】①**旌**：旌表，表彰。②**校尉**：锦衣卫。**瞷**：窥视。

【译文】明代的郑濂，同宗族有七代人住在一起，大门上旌表着“天下第一家”五个字。明太祖召来郑濂问他：“你家有多少人口呢？”郑濂回答说：“有一千多人口。” 皇上于是问他治理家族的办法，他回答说：“就只是不听妇人的话罢了。”于是皇上赐给他两个梨子，郑濂拜谢并接受了梨子回家去了。皇上命令校尉悄悄跟着他，看他回家有什么举动。郑濂回到家，召集了全家人一齐谢恩，然后放了两缸水，把两个梨子弄碎之后放进水里，全家人一起把水喝了。皇上听说之后很高兴。

èr shí èr tíng jī jiào dì

二十二 廷机教弟

【原评】文节(文节：李廷机的谥号)昆仲，可谓难兄难弟矣。兄已官至学士，而弟仍布衣，至偶戴方巾，即使易冠，人几疑为不相容，实则爱之以德，不忍其弟失礼耳。而弟亦奉命惟谨，略无(略无：毫无，全无)难色，尤为人所难能。

míng lǐ tíng jī guān dà xué shì dì bù yī zì jiā
【原文】明李廷机，官大学士①。弟布衣②，自家
zhì jīng hòu xiōng fāng jīn xiān fú yǐ jiàn tíng jī xún jiā shì jí
至京候兄③，方巾鲜服以见④。廷机询家事及
hán wēn wèi láo yǔ bì yà qí jīn fú wèn yuē rù pàn
寒温慰劳语毕⑤，讶其巾服⑥，问曰：“入泮
hū nà sù hū dì jiē yuē fǒu fǒu jié qí yuán guān hé
乎⑦？纳粟乎⑧？”弟皆曰否否。诘其原冠何
zài yuē zài xiù zhōng tíng jī yuē réng guàn cǐ wú xùn
在⑨，曰：“在袖中。”廷机曰：“仍冠此，毋徇
sú dì fèng mìng yì guān háo wú nán sè
俗⑩。”弟奉命易冠，毫无难色。

【注释】①**大学士**：官名，职务是替皇帝批答奏章、承理政务。②**布衣**：平民。③**候**：看望。④**方巾**：明代文人所戴的软帽。⑤**寒温**：寒暄。⑥**讶**：奇怪。⑦**泮**：古代的学校。学童入学成为生员叫“入泮”。⑧**纳粟**：明清的富家子弟捐纳财货进国子监，可直接参加省城、京都的考试，称纳粟。⑨**诘**：追问。⑩**徇俗**：顺从时俗。

【译文】明代的李廷机，官做到了大学士。他弟弟是平民，从家里到京城来看望哥哥，就戴着新帽子、穿着新衣服去见他。李廷机问了他家里的情况，讲了寒暄慰劳的话，然后对弟弟穿戴这样的帽子衣服感到很奇怪，就问：“你已经入学成为生员了吗？是不是捐了钱去考试了？”弟弟都回答不是。李廷机就问他原来的帽子在哪，弟弟说：“放在袖子里。”李廷机说：“你还是戴回这个帽子，不要顺从时俗。”他弟弟听从他说的，把帽子换了，脸色一点也不为难。

èr shí sān　yán fèng jìng xiōng
二十三　严凤敬兄

【原评】先生悌德素(素:向来)著。里中施佐、施佑兄弟争产,先生谓佑曰:“吾兄懦(懦:弱),吾恒忧之,使得如若兄之强力,能夺吾田,吾复何忧?”因挥涕不已。佑因此悟,佐亦慰解,乃各以田相让,友爱终身。其笃爱之感人如此。

míng yán fèng xìng xiào yǒu shì xiōng rú fù zhì shì guī
【原文】明严凤，性孝友，事兄如父。致仕归[①]，
xiōng lǎo ér pín yíng yǎng yú jiā fán yàn kè bì xiōng dì bēi
兄老而贫，迎养于家[②]。凡宴客，必兄递杯，
zì zhí zhù cóng yī rì jìn zhù shāo chí xiōng nù pī qí jiá
自执箸从[③]。一日进箸稍迟，兄怒，批其颊[④]，
xīn rán shòu zhī zhōng xí jìn huān jì zuì sòng xiōng guī wò rì wèi
欣然受之，终席尽欢。既醉，送兄归卧。日未
míng yǐ hòu tà qián wèn zuó yǐn chàng fǒu wò ān fǒu xiōng xún
明，已候榻前[⑤]，问昨饮畅否，卧安否。兄寻
zú kū zàng jìn lǐ
卒[⑥]，哭葬尽礼。

【注释】①**致仕**：辞官。②**迎养**：迎接尊亲住在一起，以便孝养。养，古音一作yàng。③**箸**：筷子。④**批**：用手掌打。⑤**颊**：脸的两侧。⑥**榻**：床。

【译文】明代的严凤，天性非常孝顺友爱，侍奉哥哥就像侍奉父亲一样。严凤辞官回家之后，他哥哥已经很老了，又很贫穷，于是严凤把他接到家里来供养。每逢宴请宾客的时候，一定叫哥哥去递杯，自己拿着筷子跟在后面。有一天，严凤送筷子过去慢了一点，他哥哥很生气，就打了他的脸，严凤欣然地忍受了，整个酒席上还是尽情欢乐。他哥哥醉了之后，严凤就送哥哥去睡了。第二天天还没亮的时候，严凤就已经在哥哥的床前等候了，问哥哥昨天喝酒是否畅快，睡得好不好。不久他哥哥死了，严凤哭着安葬了他，尽了礼数。

èr shí sì shì ēn yè dài
二十四 世恩夜待

【原评】世恩善于化弟，无论矣，而尤非人所能者。世恩贵时，其兄已卒。有小民吴三者，兄妾之弟也，来省其姐，衣服蓝缕，世恩邀与对食。季弟问之，则曰："庶嫂（庶嫂：指哥哥的妾）子女皆无，青年为兄守节，吾敬之以及其弟耳。"

míng chén shì ēn wàn lì jǐ chǒu jìn shì zhǎng xiōng xiào lián
【原文】明陈世恩，万历己丑进士[1]。长兄孝廉[2]。
jì dì hào yóu xiá zǎo chū mù guī zhǎng xiōng guī zhī bù gǎi
季弟好游狎[3]，早出暮归，长兄规之不改[4]。
shì ēn yuē shāng ài wú yì nǎi měi yè qīn shǒu wài hù dài
世恩曰："伤爱无益。"乃每夜亲守外户，待
dì rù shǒu zì jiōng yào wèn yǐ hán nuǎn jī bǎo yōu xù zhī
弟入，手自扃钥[5]，问以寒暖饥饱，忧恤之
qíng xíng yú yán mào rú shì shù xī dì nǎi dà huǐ bú fù
情[6]，形于言貌。如是数夕[7]，弟乃大悔，不复
mù guī
暮归。

【注释】①**万历**：明神宗年号。②**孝廉**：明清时候称举人为孝廉。③**季弟**：最小的弟弟。**狎**：亲近而不庄重。**游狎**：跟外人交往亲密。④**规**：规劝。⑤**扃**：关门。**扃钥**：关门上锁。⑥**恤**：忧虑。⑦**夕**：夜晚。

【译文】明代的陈世恩，是明神宗万历己丑年间的进士。他大哥是举人。他小弟则喜欢在外面游荡，每天很早出去又很晚回来，他大哥规劝他，他却不肯改过。陈世恩说："这样伤害兄弟间的友爱，是没有好处的。"于是陈世恩每天晚上亲自守着外面的大门，等到弟弟回来了，才亲自关门下锁。然后问他弟弟冷还是暖，饿还是饱。这种担心弟弟的感情，在话里和脸上都表现出来了。这样过了好几个晚上，他弟弟终于恍然大悟，后悔自己的行为，从此再没有直到晚上才回家了。

èr shí wǔ　shùn mèi hù xiōng
二十五　舜妹护兄

【原评】吕坤曰："浚井完廪，事出卒然。匿孔两笠，计必先定。向使舜无所闻，其不为井中之泥、廪上之灰者几希矣。孰谓异母而有斯妹哉？孰谓济恶满门而有斯人哉？"

【原文】
yú shùn zhī nǚ dì míng jì yī míng kě shǒu yǔ xiàng tóng
虞舜之女弟①，名系，一名毂首，与象同
mǔ ài jìng shùn jí èr sǎo měi yǐ cí jiàn qí qīn yǐ dì dào
母。爱敬舜及二嫂，每以慈谏其亲，以弟道
guī xiàng bù cóng fán fù mǔ wù shùn zé mì gào èr sǎo yǐ wǎn
规象，不从。凡父母恶舜，则密告二嫂以挽
jiù zhī yǎn jǐng fén lǐn zhī móu jiē yù xiè yú shùn shì yǐ shùn
救之。掩井焚廪之谋，皆预泄于舜，是以舜
dé miǎn hài tiáo hù wéi chí shǐ zhōng wú dài yān jì shàn zuò huà
得免害。调护维持，始终无怠焉。系善作画，
gù hòu shì tuī wéi huà zǔ
故后世推为画祖。

【注释】①**女弟**：妹妹。②**怠**：懈怠，松懈。

【译文】虞代舜的妹妹名字叫系，另一个名字叫毂首，她和象都是舜的后母生的。不过她很尊敬舜和两个嫂子，总是劝父母要慈爱，劝象要守弟弟的规矩，但是他们都不听她的话。每当父母要谋害舜的时候，她就悄悄地告诉两个嫂嫂，想办法来挽救舜的性命。像埋井和烧米仓的诡计，都是她预先泄露给了舜，所以舜得以不被杀害。系在家庭当中协调、维持关系，一直都没有懈怠。系善于画画，所以后世推崇她为画祖。

èr shí liù　　zhào jī zūn dí

二十六　赵姬尊嫡

【原评】按，赵姬请迎叔隗，衰不可。姬必逆之，衰乃不得已迎之耳。吕坤曰："妇人能容妾，足矣。况身自为妾乎？况以公女而妾狄人之女乎？况以子为庶子，而嫡狄人之子乎？赵姬之贤，古今一人而已。"

zhōu jìn zhào cuī qī jī shì wén gōng nǚ yě chū cuī suí

【原文】周晋赵衰妻姬氏，文公女也。初，衰随

wén gōng chū wáng guò dí dí rén qī yǐ qiáng gāo rú nǚ shū

文公出亡①，过狄②，狄人妻以廧咎如女叔

wěi shēng dùn hòu cuī huán jìn wéi qīng wén gōng yǐ nǚ qì zhī

隗③，生盾。后衰还晋为卿，文公以女妻之，

shēng tóng kuò yīng zhào jī gù qǐng yíng shū wěi mǔ zǐ yú dí zhì

生同、括、婴。赵姬固请迎叔隗母子于狄，至

zé yǐ dùn wéi xián qǐng lì wéi dí zǐ shǐ sān zǐ xià zhī yǐ

则以盾为贤，请立为嫡子，使三子下之。以

shū wěi wéi nèi zǐ ér jǐ xià zhī

叔隗为内子④，而己下之。

【注释】①**亡**：逃。②**狄**：北方的少数民族。③**廧咎如**：赤狄民族的一个部落。④**内子**：卿大夫的嫡妻。

【译文】周代晋国赵衰的妻子姬氏，是晋文公的女儿。当初，赵衰跟着晋文公逃亡到外国，经过狄的时候，狄人把廧咎如的女儿叔隗嫁给了赵衰做妻子，生下了赵盾。后来赵衰回到晋国当官，晋文公把女儿嫁给他，生了赵同、赵括、赵婴。晋文公的女儿赵姬坚持叫赵衰去把叔隗母子从狄迎接回来，接回来之后，她觉得赵盾贤良，就请求立他做长子，而让自己的三个儿子居下。又请求让叔隗做嫡妻，而自己情愿居下。

èr shí qī　　niè yīng kǒng huái

二十七　聂嫈孔怀

【原评】按,聂政母终后,家惟一姊,乃以不肯累姊,宁自披面抉目屠肠而死。姊亦不忍使弟死而无名,竟哭尸告吏自杀。呜呼!有此弟竟有此姊,非惟震惊一时,亦可流芳百世矣。

zhōu qí niè zhèng wèi yán suì cì hán xiàng kǒng lěi jí zǐ

【原文】周齐聂政，为严遂刺韩相。恐累及姊

yīng yīn zì pī qí miàn jué qí mù tú cháng ér sǐ hán

嫈，因自披其面①，抉其目②，屠肠而死③。韩

bào qí shī yú shì gòu wèn yǐ qiān jīn mò zhī wéi shuí yīng

暴其尸于市④，购问以千金⑤，莫知为谁⑥。嫈

yuē wú dì pī miàn jué mù tú cháng yǐ sǐ zhě wèi wǒ gù yě

曰："吾弟披面抉目屠肠以死者，为我故也，

wǒ qǐ kě ài qí shēn ér miè dì zhī míng yé nǎi zhī hán kū

我岂可爱其身而灭弟之名耶？"乃之韩，哭

qí shī wèi lì yuē shā hán xiàng zhě qiè zhī dì zhǐ shēn jǐng

其尸，谓吏曰："杀韩相者，妾之弟，轵深井

lǐ niè zhèng yě xuán zì shā shī páng

里聂政也⑦。"旋自杀尸旁⑧。

【注释】①**披**：裂。②**抉**：剔出。③**屠肠**：剖腹出肠。④**暴**：暴露。⑤**购问**：悬赏询问。⑥**莫**：没有谁。⑦**轵**：地名，在今河南省济源市南。**深井里**：轵里的一个地名。⑧**旋**：不久。

【译文】周代战国时期齐国的聂政，为了严遂而去刺杀韩国的丞相。聂政杀死了人以后怕连累姐姐聂嫈，因此自己把脸割碎，把眼睛挖挑出来，把肚子剖开露出了肠子，使得韩国人认不出他来。韩国于是把他的尸首暴露在街市上，悬赏千金询问此人姓名，但是谁都不知道他是谁。聂嫈听说此事，说："我的弟弟割碎了脸，挑出了眼，剖开了肚，都是因为我的缘故，我怎么可以爱惜我自己的性命，而埋没了我弟弟的声名呢？"于是她到了韩国，哭着聂政的尸首，跟那些官吏说："刺杀韩国丞相的，正是我弟弟，轵县深井里的聂政。"不一会儿，她就在聂政的尸首旁自杀了。

èr shí bā　máng mèng cí mǔ
二十八　芒孟慈母

【原评】吕坤曰："孟阳氏之于前子也，中心慈爱，不在声音笑貌间，始终慈爱，不在一时勉强间，可谓贤矣。即五子终不改也，而众论自公，即众论不公也，而此心无愧。世之继母，尚念于斯。"

zhōu wèi máng mǎo jì qī mèng yáng shì shēng zǐ sān qián qī wǔ
【原文】周魏芒卯继妻孟阳氏，生子三。前妻五
zǐ jiē bú xiào mǔ yù zhī shèn hòu fán yī shí qǐ jū jiǒng yì
子皆不孝，母遇之甚厚，凡衣食起居，迥异
hū jǐ zǐ yóu bú xiào yī rì qián qī zhòng zǐ fàn fǎ dāng
乎己子①，犹不孝。一日，前妻中子犯法当
sǐ shì zhāo xī bēi āi jié lì yíng jiù wèi wáng wén zhī gāo
死②。氏朝夕悲哀，竭力营救。魏王闻之，高
qí xíng jìng shè zhōng zǐ zì shì wǔ zǐ jiē qīn fù yú shì shì
其行，竟赦中子。自是五子皆亲附于氏，氏
yīn yǐ lǐ yì shuài dǎo zhī bā zǐ jūn chéng míng wéi wèi dà fū
因以礼义率导之。八子均成名，为魏大夫。

【注释】①**迥**：远。②**中**：同“仲”，兄弟排行第二。

【译文】周代战国时期魏国的芒卯，他继妻是孟阳氏，为他生了三个儿子。他前妻所生的五个儿子都不孝顺，但孟阳氏对他们还是很好，凡是穿的、吃的、住的，都比亲生儿子还要好，但他们还是不孝顺她。有一天，前妻所生的第二个儿子犯了法，应当被判死罪。为此孟阳氏日夜都很伤心，竭力去营救他。魏王听说了这件事，觉得孟阳氏的德行很高，因此赦免了那个儿子。从此，那五个儿子都亲近孟阳氏了，孟阳氏就用礼义教导他们。八个儿子后来都功成名就，都在魏国做了官。

èr shí jiǔ wén jī bǎo dì

二十九 文姬保弟

【原评】吕坤谓:“文姬之友爱,无庸言矣。托王成,是谓知人;不怨梁氏,是谓审势。盖梁氏虽已伏诛,然一言及梁氏,势必牵连主上,其将重速祸焉。引咎而已,悌且忠矣,固也宜有是女哉!”

hàn zhào bó yīng qī lǐ wén jī tài wèi gù nǚ yě gù wéi
【原文】汉赵伯英妻李文姬，太尉固女也。固为
liáng jì suǒ shā jiā shǔ bèi shōu shào zǐ xiè wéi wén jī suǒ nì
梁冀所杀，家属被收。少子燮为文姬所匿，
mì tuō gù zhī mén shēng wáng chéng yǐn xiè rù xú zhōu biàn xìng míng wéi
密托固之门生王成，引燮入徐州，变姓名为
jiǔ jiā yòng jiǔ jiā yì zhī yǐ nǚ qì xiè hòu yù shè huán wén
酒家佣。酒家异之，以女妻燮。后遇赦还，文
jī jiè zhī yuē xiān gōng wéi zhōng chén suī sǐ yóu shēng shèn wù yán
姬戒之曰："先公为忠臣，虽死犹生，慎勿言
jí liáng shì yǐ duō huò xiè cóng zhī hòu wéi hé nán yǐn lǐ
及梁氏以掇祸①。"燮从之。后为河南尹，李
shì lài yǐ ān quán
氏赖以安全。

【注释】①掇：取。

【译文】汉代赵伯英的妻子李文姬，是太尉李固的女儿。李固被梁冀杀害了，家属也都被捉走了。小儿子李燮被李文姬藏了起来，暗地里托付给李固的学生王成，王成把李燮带到了徐州。李燮改了姓名，在酒店里做酒保。酒店店主觉得李燮不错，就把女儿嫁给他做妻子。后来李家被免了罪，李文姬就告诫李燮说："父亲是忠臣，虽然现在去世了，还是像活着一样。你说话要谨慎，不要说梁家的是非，去招惹祸端。"李燮听从她的话。后来李燮在河南做了县官，李家因此得以平安保全。

sān shí dūn qī dān jīn

三十　敦妻担金

【原评】因嫂贪而让其产，以所受田宅奴婢财产三百余万悉让与兄，敦之悌已可法矣。乃掘地得金，其妻犹以为先人所遗，与夫担而还之。苟有天良，无不感恻。嫂犹贪顽如故，宜乎其兄弃之也。

【原文】魏汝敦妻，广汉人。敦家富早孤。嫂贪吝，敦以所受田产，悉让与兄，留园田耕作。土中得金一器，以示妻。妻曰："此金藏自先人，既让矣，不当复留。"乃与敦担金还兄。嫂初疑其来贷，不悦，见金大喜。兄恻然曰："吾独何人[1]，而让弟独为君子耶？"遂弃妻还金，与敦相爱如初。

【注释】①独：难道。

【译文】三国时代魏国汝敦的妻子，是广汉人。汝敦家里富有，父母过世早。他嫂子贪心又吝啬，汝敦就把自己分到的田产都让给了哥哥，只留下一块园地给自己耕作。有一天汝敦在园地的土里挖到了一坛金子，他拿给妻子看。妻子说："这些金子是从我们祖宗就收藏下来的，既然我们已经把田产让出去了，这些金子我们也不该再留着。"于是就和汝敦一起把金子抬过去还给哥哥。嫂子一开始疑心他们是来借钱的，很不高兴，看到金子后又非常高兴。汝敦的哥哥伤感地说："我难道就是这样的小人吗？让我弟弟一个人做君子吗？"于是他就休了妻子，把金子还给弟弟，跟弟弟还是像从前一样友爱。

sān shí yī　zhōng hǎo yōng mù

三十一　钟郝雍睦

【原评】妯娌以异姓而处人骨肉之间，每因母家富贵贫贱之不同，而致构衅(构衅：结怨，制造事端)趋争，化同为异，乃兄弟之斧斤也。观于钟、郝相处雍睦，浑然无迹，青史流芳，千古不朽。世之为妯娌者，盍以此为前事之师哉？

【原文】晋王浑妻钟氏，弟湛妻郝氏。妯娌也[①]，皆有德行，相亲爱雍睦[②]，治家有礼。钟夫人为魏太傅繇之曾孙女[③]，幼时即能文，稍长，博览群家。容止美丽，虽出身阀阅[④]，并不以贵陵郝[⑤]，郝亦不以贱下钟[⑥]。时人称钟夫人之礼，郝夫人之法。

【注释】①**妯娌**：兄弟的妻子的合称。②**雍**：和。③**太傅**：官名，三公之一。**繇**：钟繇，是著名书法家。④**阀阅**：祖先有功业的世家、巨室。⑤**陵**：欺凌。⑥**下**：自我贬低，奉承。

【译文】晋代的王浑，妻子是钟氏，王浑弟弟王湛的妻子是郝氏。妯娌两个人都有很好的德行，相亲相爱，相处和睦，管理家务都依照礼法。钟夫人是三国魏国太傅钟繇的曾孙女，很小的时候就能写文章了，稍微长大一点，就广泛地阅读了诸子百家的典籍。她的容貌和举止都很美丽，虽然出身于门第很高的家庭，但并不因为出身富贵就欺负郝夫人，郝夫人也不因为自己出身贫贱就委屈奉承钟夫人。当时的人都称赞钟夫人的礼以及郝夫人的法。

sān shí èr xiù gū yǒu gōng

三十二 秀姑友恭

【原评】古今女子，抚弟妹者颇多，未闻同时并敬兄嫂。朱子云："善事兄长为悌。"仅抚弟妹而未敬及兄嫂，犹为悌道中憾事。今观秀姑尽心抚育二弟，至于成人，而又事兄嫂甚敬，宜其夫荣子贵，福寿康宁也。

jìn liú qí nǚ míng xiù gū zǎo sàng fù mǔ nián yú èr
【原文】晋刘琪女，名秀姑。早丧父母，年逾二
shí wèi jià zài jiā shì xiōng sǎo shèn jìng yǒu dì èr rén yòu ruò
十未嫁，在家事兄嫂，甚敬。有弟二人幼弱
wú yī xiù gū wèi fǔ yù chéng rén dài zhī shèn cí ài hòu shì
无依，秀姑为抚育成人，待之甚慈爱。后适
wáng guì lín guān zhì cí bù láng shēng zǐ sān jūn xiǎn guì xiù
王桂林[1]，官至词部郎[2]，生子三，均显贵。秀
gū xiǎng shòu zhì bā zhì shàng kāng níng wú yàng rén xián yǐ wéi yǒu
姑享寿至八秩[3]，尚康宁无恙，人咸以为友
ài xiōng dì zhī bào
爱兄弟之报。

【注释】①**适**：出嫁。②**词部郎**：礼部侍郎。③**秩**：十年。

【译文】晋代刘琪的女儿名叫刘秀姑。她很早就失去了父母，年纪都过了二十岁还没有出嫁，她在家里侍奉哥哥嫂子，很恭敬。她有两个弟弟还很小，身体也弱，无依无靠，她就把他们抚养长大，对待他们很慈爱。后来她嫁给了王桂林，王桂林的官做到了礼部侍郎，她生了三个儿子，三人后来都很显贵。刘秀姑活到了八十岁，身体还很健康，没有疾病，人们都认为这是她对兄弟很友爱的回报。

sān shí sān　lǐ cuī jìng xiōng
三十三　李崔敬兄

【原评】夫以兄弟姊妹之子女，订结婚姻，血统攸(攸：助词，所)关，不可法也。惟崔氏以敬兄之故，不忍使其兄之女下嫁卑族，宁娶眇女以为己妇，其敬爱之心，自非他人所能及。此等举动，愧煞须眉矣。

běi wèi lǐ shū yǐn qī cuī biàn mèi yě gāo míng cí dǔ
【原文】北魏李叔引妻，崔辩妹也，高明慈笃。
biàn yǒu nǚ míng huì tōng hàn mò miǎo yī mù qīn dǎng mò yǒu qiú
辩有女明惠，通翰墨，眇一目①，亲党莫有求
zhě qí jiā yì xià jià zhī lǐ qī wén ér bēi gǎn yuē wú xiōng
者。其家议下嫁之，李妻闻而悲感曰：“吾兄
shèng dé bú xìng zǎo shì qǐ kě lìng qí nǚ qū shì bēi zú nǎi
盛德，不幸早世，岂可令其女屈事卑族？”乃
wèi qí zǐ yì qǔ zhī nǚ kè xún fù dào yǔ yì shū shī shù
为其子翼娶之。女克循妇道②，与翼书诗数
shí shǒu cí lǐ kě guān
十首，辞理可观。

【注释】①**眇**：瞎。②**克**：能。

【译文】北魏李叔引的妻子，是崔辩的妹妹，见识很高明，性情很慈爱。崔辩有个女儿很聪明，懂得文章书画，可是瞎了一只眼睛，因此亲戚乡党都没有求婚的人。他们家就商量着要把她嫁给门第低一点的人家，李叔引的妻子听说了，就很悲伤地说：“我哥哥道德很高尚，不幸很早离世，怎么可以让他女儿委屈嫁到卑微的人家去呢？”于是就给自己的儿子李翼娶了过来。这个崔家女儿能够遵循妇道，写给李翼的书信和诗有几十首，文辞和内容都值得一看。

三十四 和政敬让

sān shí sì　hé zhèng jìng ràng

【原评】吕坤谓:"和政恩抚孤侄,远避朝权,授矢平贼,仗义谕盗,输(输:捐)财助国,上疏恤民,怜布思之妻,策社稷之计,诏馈一无所取,闻寇再语备边,善行不可悉述。余取其友爱,以愧姊妹之薄者。"

táng hé zhèng gōng zhǔ xià jià liǔ tán ān lù shān xiàn jīng
【原文】唐和政公主，下嫁柳潭[①]。安禄山陷京
shī qí zǐ níng guó gōng zhǔ fāng lí jū zhǔ nǎi jì sān zǐ yú
师，其姊宁国公主方嫠居[②]，主乃寄三子于
suǒ qīn yǐ mǎ chéng níng guó zì yǔ tán tú bù qū zhī rì bá
所亲，以马乘宁国，自与潭徒步驱之，日跋
shè bǎi lǐ tán gōng xīn shuǐ zhǔ gōng chuī dí yǐ shì níng guó
涉百里[③]，潭供薪水，主供炊涤，以事宁国，
zú miǎn yú nàn sù zōng yǒu jí zhǔ shì zuǒ yòu shèn jǐn zhào cì
卒免于难。肃宗有疾，主侍左右甚谨。诏赐
tián yǐ nǚ dì bǎo zhāng gōng zhǔ wèi yǒu cì gù cí ràng yǐ yǔ
田，以女弟宝章公主未有赐[④]，固辞让以与
bǎo zhāng dì cóng zhī
宝章，帝从之。

【注释】①**下嫁**：公主嫁给臣民。②**嫠**：寡妇。③**跋涉**：旅途艰苦。④**女弟**：妹妹。

【译文】唐代的和政公主，下嫁给柳潭做妻子。安禄山造反攻陷了京师，这时和政公主的姐姐宁国公主刚刚做了寡妇，和政公主就把自己的三个儿子寄养在亲戚家，把一匹马给了宁国公主坐，自己和柳潭步行赶路，每天都要辛苦地走一百里路，柳潭去砍柴打水，和政公主则做饭洗衣，以此来服侍宁国公主，最后总算都躲过了劫难。唐肃宗生病，和政公主就在身旁很小心地服侍。皇上下诏赐给她田地，和政公主因为妹妹宝章公主还没有被赏赐过田地，就坚持让给宝章公主，皇上也就听从她了。

sān shí wǔ　liǔ lú mù zú

三十五　柳卢睦族

【原评】传载柳卢氏当岁恶，食不足，而食(食：音sì，拿东西给人吃)诸孤之幼者恒充也。诸姑有归者，废寝食为装赍(赍：音jī，旅行的人携带的衣食等)。子宗元，生四岁，家无书，亲授古赋十四首讽(讽：背诵)传之，以诗礼图史及女工授诸女，后皆为贤妇。是悌中之尽礼者。

【原文】唐柳镇妻卢氏，七岁通“毛诗”[①]。归柳后，孝舅姑，睦姻族[②]，仁孝益闻。镇在朝为御史[③]，凡诸伯叔母、诸姑姊妹及其子，虽远在千里外，具迎以来。卢承事唯谨，尊于己者卑下之，卑于己者畜慈之，敌己者友爱之[④]，各得其欢心。子宗元，女二，皆贤孝。人以为太君教训所渐云[⑤]。

【注释】①**毛诗**：通常称今本《诗经》，相传为汉代毛亨、毛苌所传。②**姻**：由婚姻结成的，比较间接的亲戚关系。③**御史**：官名，掌管监督。④**敌**：指平辈。⑤**太君**：官员母亲的封号，这里指卢氏。**渐**：渐染，浸润。

【译文】唐代柳镇的夫人卢氏，七岁时就已经懂“毛诗”了。嫁到柳家后，服侍公公婆婆很孝顺，跟亲戚宗族相处很和睦，她的仁义孝顺越来越有名了。柳镇在朝廷做御史，凡是他的伯母、婶婶、姑姑、姊妹以及子侄外甥，虽然相隔有千里那么远，他都把他们迎接过来一起住。卢氏对待他们很恭敬，对待比自己尊长的人就让自己卑微起来，对待比自己幼小的人则很慈爱，对待跟自己平辈的就很友爱，每个人因此都觉得很欢心。她儿子叫柳宗元，有两个女儿，都很贤良孝顺。人们都认为这是因为受了卢太君教训的熏陶。

sān shí liù jìn qī fǎn yuè

三十六 进妻反籥

【原评】冢妇司管籥，礼也。颜妻归之，宜矣。则进妻返之，岂非不合于礼乎？然其言曰："妾初来，即令归管籥，恐从此生嫌。"是其为家庭和睦计，为兄弟友爱计，劝夫反之，可谓独具只眼(独具只眼：目光独到)。

táng lǐ guāng jìn zhī dì guāng yán xiān qǔ mǔ wěi jiā shì yú

【原文】唐李光进之弟光颜先娶，母委家事于

yán qī jí jìn qǔ qī mǔ yǐ wáng yán qī jí jì nǎng shí chū

颜妻①。及进娶妻，母已亡。颜妻即计曩时出

rù guī guǎn yuè yú zhǒng fù jìn qī wèi jìn yuē jūn xiōng dì

入②，归管籥于冢妇③。进妻谓进曰：“君兄弟

sù yǒu ài jīn qiè chū lái jí lìng guī guǎn yuè kǒng jiā tíng cóng

素友爱，今妾初来，即令归管籥，恐家庭从

cǐ shēng xián yǐ jìn suì fǎn guǎn yuè yuē dì fù shì gū yǒu

此生嫌矣。”进遂反管籥曰：“弟妇事姑有

nián gū mìng zhǔ shì lì nián wú shī bù kě gǎi yě

年，姑命主事，历年无失，不可改也。”

【注释】①**委**：嘱托。②**曩**：从前。③**籥**：同“钥”，锁钥。**管籥**：锁匙。**冢妇**：嫡长子的妻子。

【译文】唐代李光进的弟弟李光颜在哥哥之前先娶了妻子，他母亲就把家务嘱托给李光颜的妻子打理。等到李光进娶妻的时候，他母亲已经过世了。李光颜的妻子就计算好从前出入的账目，把锁匙交给李光进的妻子掌管。李光进的妻子跟李光进说：“你们兄弟向来很友爱，现在我才刚嫁进来，就让他们归还锁匙，我怕家庭以后会生嫌隙。”李光进就把锁匙还回弟弟，说：“弟媳侍奉婆婆有很多年了，婆婆让她管家，这么多年来都没有过失，所以不要改变了。”

sān shí qī　zhèng xú èr nán

三十七　郑徐二难

【原评】郭燮熙谓："凡有所馈，俱纳于姑，孝也。惟孝顺，故和睦。况兄若弟以仁义名，宁有不由仁义行哉？语云：'和气致祥。'彼二妙既如一体，宜乎猫犬胥(胥：都)感于和气，而犬母为哺猫儿焉。表为二难，是真难能也已。"

táng zhāng mèng rén qī zhèng miào ān zhòng yì qī xú miào yuán jiē
【原文】唐张孟仁妻郑妙安，仲义妻徐妙圆，皆
dūn yì mù xú fù zhèng pín gè wàng xíng jī cóng bù yǐ shì jiè
敦义睦[①]。徐富郑贫，各忘形迹，从不以事介
xián héng yī shì fǎng zhī yǒu suǒ kuì jù nà yú gū bù sī
嫌[②]。恒一室纺织，有所馈，俱纳于姑，不私
wéi jǐ yǒu zhèng guī níng xú rǔ qí zǐ xú guī níng zhèng yì
为己有。郑归宁[③]，徐乳其子；徐归宁，郑亦
rú zhī bú wèn shú wéi jǐ zǐ zǐ yì bú biàn shú wéi jǐ mǔ
如之。不问孰为己子，子亦不辨孰为己母。
jiā māo wéi rén qiè qù quǎn bǔ qí ér rén wèi hé qì suǒ gǎn
家猫为人窃去，犬哺其儿，人谓和气所感。
shàng biǎo qí mén yuē èr nán
上表其门曰“二难”[④]。

【注释】①**敦**：厚道。②**介嫌**：介意生嫌。③**归宁**：已嫁女子回娘家看望父母。④**二难**：兄弟或妯娌俱佳。

【译文】唐代张孟仁的妻子叫郑妙安，张仲义的妻子叫徐妙圆，都很厚道和睦。徐妙圆家里富有，而郑妙安家里贫穷，但她们都不把这些表面的东西放在心上，从来都没有发生介意生嫌的事情。她们总是在一个屋子里做纺纱活儿，有人送东西来，就都交给婆婆，不占为己有。郑妙安回娘家的时候，徐妙圆就给郑妙安的孩子喂奶，而当徐妙圆回娘家的时候，郑妙安也一样。她们不理哪一个才是自己的孩子，孩子也分辨不出哪一个才是自己的母亲。家里的猫被别人偷走了，家里的狗就喂养那只猫的幼崽，人们说这是被郑、徐两个人的和气所感化的。后来皇上给她们门前旌表了“二难”两个字。

sān shí bā　yú chén ràng chǎn
三十八　余陈让产

【原评】吕坤曰:“继母每私其所生,能均产业,足矣。况夫产尽让前子,既贫而又恤之,即亲母何加焉?均产,中道也;让产,贤道也。天下无过慈之继母,吾于陈氏所深取焉。”

sòng yú chǔ jì qī chén shì shēng zǐ yì sān suì ér chǔ
【原文】宋余楚继妻陈氏，生子翼。三岁而楚
sǐ chén shì jìn yǐ qí chǎn yǔ qián qī èr zǐ wèi yì yuē bǐ
死，陈氏尽以其产与前妻二子，谓翼曰："彼
wú mǔ wù yǐ cǐ wéi zhēng yě yì nián shí wǔ shǐ yóu xué sì
无母，勿以此为争也。"翼年十五，使游学四
fāng shì qióng jù jī wú yǐ zì cún yì zài wài shí wǔ nián
方。氏穷窭[1]，几无以自存[2]。翼在外十五年，
chéng jìn shì guī yíng mǔ rù guān shì wén qián qī èr zǐ pín kùn
成进士归，迎母入官。氏闻前妻二子贫困，
yòu shōu yǎng ér cún xù zhī
又收养而存恤之[3]。

【注释】①**窭**：贫穷。②**几**：几乎。③**存恤**：爱抚，救济。

【译文】宋代余楚的后妻陈氏，生了一个儿子叫余翼。余翼三岁的时候余楚就过世了，陈氏就把家产全都让给了余楚前妻所生的两个儿子，告诉余翼说："他们没有了母亲，你不要为了这些家产跟他们争夺。"到余翼十五岁的时候，陈氏就让他去外面游学。这时陈氏非常贫穷，几乎无法过日子。余翼在外面一共十五年，中了进士回来，就把母亲迎接到官府里。陈氏听说余楚前妻的两个儿子很贫困，就又把他们接过来一起住着，照顾他们。

sān shí jiǔ wáng hé xián míng

三十九 王何贤名

【原评】吕坤谓："憎同室而专货利(货利：货物财利)，妇人莫不尔。欲其彼我分明已难，况尽推所有以与弟妹乎？况其家素贫，因何氏勤俭佐夫，渐渐积蓄，而始得此所有乎？其夫喜而从之，友于(友于：指兄弟之间相互友爱)可概见矣。"

sòng wáng mù shū shèn pín qī hé shì yǒng jiā rén qín jiǎn
【原文】宋王木叔甚贫，妻何氏，永嘉人，勤俭
zuǒ fū jiā yòng suì ráo yī rì yù fū yuē zǐ kě chū
佐夫[①]，家用遂饶[②]。一日语夫曰：“子可出
shì dì mèi pín hán yú zī jiǔ xù hé yì qǐng yǐ yǔ zhī
仕。弟妹贫寒，余资久蓄何益[③]？请以与之。”
mù shū yuē shì wú zhì yě dàn rì jìn sàn zān ěr bù
木叔曰：“是吾志也。”旦日尽散[④]，簪珥不
yí mù shū jì shì hé shì yòu yuē dì mèi shàng kùn yǒu tián
遗[⑤]。木叔既仕，何氏又曰：“弟妹尚困，有田
rú xǔ hé bú bì zhī fū xǐ yuē cǐ yóu wú zhì yě
如许，何不畀之[⑥]？”夫喜曰：“此尤吾志也。”
jìn yǐ tián yǔ dì mèi yī jùn chēng wéi xián fù
尽以田与弟妹。一郡称为贤妇。

【注释】①**佐**：帮助。②**饶**：富足。③**余资**：多余的财物。④**旦日**：第二天。⑤**珥**：珠子或玉做的耳环。⑥**畀**：给。

【译文】宋代的王木叔很穷，他妻子何氏，是永嘉人，很勤俭地帮助丈夫，于是家境渐渐富足起来。有一天，她对丈夫说：“你可以出去做官的，但弟弟妹妹很穷，我们多余的钱财放着有什么用呢？还请给了弟弟妹妹吧。”王木叔说：“这也正是我的意思。”第二天他们就把多余的钱财都给了弟弟妹妹，发簪耳环都没有留下。王木叔做了官之后，何氏又说：“如今弟弟妹妹都还贫困，我们有这么多田地，何不给他们呢？”王木叔很高兴，说：“这特别合我心意。”于是把田地都给了弟弟妹妹。同郡的人都称赞她是贤良的媳妇。

sì shí　　ōu yáng xián sǎo

四十　欧阳贤嫂

【原评】吕坤曰："姑嫂，世所谓参商（参商：参星与商星，两星不会同时出现，比喻分隔或不和睦）人也。年少分疏，易生嫌隙。世之为嫂者，诚如欧阳氏，则举世皆闺娘矣。吾以是知一人尽道，二人成名。同室仇雠（雠：音chóu，同"仇"。仇雠：怨敌），过分多寡耳，难以罪一人也。"

【原文】
sòng liào zhōng chén qī ōu yáng shì jiù gū sǐ yì yí yī
宋廖忠臣妻欧阳氏，舅姑死疫[①]，遗一
nǚ míng rùn niáng cái shù yuè shì shì shēng nǚ tóng rǔ bǔ zhī rǔ
女名闰娘，才数月。氏适生女，同乳哺之。乳
bù jǐ nǎi yǐ qí nǚ fēn lín fù rǔ ér zì rǔ rùn niáng fán
不给[②]，乃以其女分邻妇乳，而自乳闰娘。凡
yǒu shí wù bì bèi hòu zhī jiǔ zhī nǚ yì zì gān tuì ràng jí
有食物，必倍厚之。久之，女亦自甘退让。及
jī rén měi qiú qí nǚ shì bì yǐ xiǎo gū wèi zì cí zú
笄[③]，人每求其女，氏必以小姑未字辞[④]。卒
yǐ fù guì jiā xiān rùn niáng qìng qí zhuāng lián zhī měi zhě sòng zhī
以富贵家先闰娘，罄其妆奁之美者送之[⑤]，
sòng nǚ zhī jù bù jí yě
送女之具不及也。

【注释】①**舅姑**：公公婆婆。②**给**：足够。③**笄**：簪子。**及笄**：女子十五岁，可出嫁。④**字**：出嫁。⑤**罄**：尽。**奁**：女子梳妆用的镜匣。**妆奁**：嫁妆。

【译文】宋代廖忠臣的妻子是欧阳氏，公公婆婆死于瘟疫，留下一个女儿名叫廖闰娘，当时才只有几个月大。欧阳氏刚好也生了女儿，就一同给小姑和女儿哺乳。奶不够，欧阳氏就把自己的女儿给邻居妇女哺乳，自己给廖闰娘哺乳。每当有食物的时候，她给廖闰娘吃的一定比给自己女儿多。时间长了，她女儿也甘愿退让了。等她们都到了出嫁的年龄，有人来向她女儿求婚，她一定说因为小姑还没有出嫁，自己的女儿不能先嫁，因而辞掉婚事。最后她把廖闰娘先嫁给了富贵人家，把好的嫁妆都给了她，自己女儿的嫁妆反倒没有那么好。

sì shí yī　　zōu yīng yǐn guò

四十一　邹媖引过

【原评】吕坤谓:“小姑如姑,嫂甚畏之。媖,异母也。乃继母恶其嫂,饮食常不给,则私以己食继之。母役嫂,则必与之俱。嫂有过,则辄引为己罪。视异母嫂能如是,其多寿多男多贵子,殆(殆:音dài,大概)天所以报善人欤?”

sòng zōu yīng wéi jì mǔ zhī nǚ qián mǔ xiōng qǔ jīng shì
【原文】宋邹媖，为继母之女。前母兄娶荆氏，
jì mǔ nüè zhī yīng zhé yǎn hù hòu jià shì rén nèi wài chēng qí
继母虐之，媖辄掩护。后嫁士人，内外称其
xián jí guī níng bào shù yuè ér sǎo zhì zhū chuáng ér duò huǒ
贤。及归宁[1]，抱数月儿，嫂置诸床。儿堕火，
làn é sǐ mǔ dà nù yīng yuē nǚ zì wò ér yú sǎo shì
烂额死。母大怒，媖曰：“女自卧儿于嫂室，
sǎo bù zhī yě jīng bēi huǐ bù shí yīng bù kū qiě yuē wǒ
嫂不知也。”荆悲悔不食。媖不哭，且曰：“我
mèng ér dāng sǐ yě qiǎng sǎo shí ér hòu shí hòu shēng wǔ zǐ sì
梦儿当死也。”强嫂食而后食。后生五子，四
dēng jìn shì nián jiǔ shí sān ér zú
登进士。年九十三而卒。

【注释】①归宁：已嫁女子回娘家看望父母。

【译文】宋代的邹媖，是继母生的女儿。他嫡母所生的哥哥娶的妻子是荆氏，继母总虐待她，邹媖每次都掩护她。后来邹媖嫁给了读书人，里里外外的人都称赞她很贤惠。有次邹媖回娘家探亲时，抱了几个月大的儿子一同回去，她嫂子就把孩子放在了床上。孩子掉到火里去了，烧烂了额头，结果死掉了。邹媖母亲非常生气，邹媖说：“是我自己把儿子放到嫂子屋里睡的，嫂子是不知道的。”荆氏又伤心又懊悔，都不吃饭了。邹媖没有哭，并且说：“我梦到我儿子应当会死的。”就硬要嫂子吃饭，荆氏后来也就吃了。后来邹媖生了五个儿子，有四个中了进士。她活到了九十三岁才去世。

sì shí èr　sān gū shì zhǎng
四十二　三姑事长

【原评】三姑境遇，苦甚矣！父丧甫毕，即遭母丧。在母丧中，又侍老病之祖父。祖父逝，伯继病，事如父母。伯亡，如丧考妣(考妣：父母)。天盖苦其心志以试之也。夫荣子贵，宜矣。

liáo guō wéi hàn nǚ míng sān gū jiǔ suì fù zú yòu sān
【原文】辽郭维翰女，名三姑。九岁父卒，又三
nián mǔ sàng dì nián yòu shàng yǒu zǔ fù nián qī shí yú yī qí
年母丧。弟年幼，上有祖父，年七十余，依其
bó bó yǐ nián wǔ shí zǔ fù bìng fēng bù qǐ sān gū shì tāng
伯，伯已年五十。祖父病风不起①，三姑侍汤
yào yǐn shí sān nián bù lí zǔ shì bó jì bìng sān gū shì bó
药饮食，三年不离。祖逝，伯继病，三姑侍伯
bìng rú shì fù mǔ rán bó zhōng sān gū fú sāng sān nián fú
病，如事父母然。伯终，三姑服丧三年。服
què shì hú dà ān wéi qī fū róng zǐ guì rén xián jìng zhī
阕②，适胡大庵为妻，夫荣子贵，人咸敬之。

【注释】①**风**：中风。②**阕**：服丧期满。

【译文】辽代郭维翰的女儿，名叫三姑。九岁的时候她父亲就过世了，过了三年她母亲又去世了。弟弟年纪还很小，上面还有祖父，年纪已经七十多岁了，跟着她伯父一起住，伯父已经五十岁了。祖父得了中风，无法起身，郭三姑就侍奉他喝药吃饭，三年都没有离开过。祖父去世后，伯父接着又生病了，郭三姑就侍奉伯父养病，和侍奉父母一样。伯父去世了，郭三姑就穿了三年丧服。服丧期满之后，她嫁给了胡大庵做妻子，后来丈夫儿子都很荣耀显贵，人们都敬重她。

sì shí sān　máo nǚ fú xiōng

四十三　茅女扶兄

【原评】茅氏女年仅十四耳，而能知室女之未可随行。且以孱弱女子，扶病瘘之兄以出，岂真不量力哉？意甘同死，不忍委兄而去，道固当尔，则杀身乃所以成仁也。

míng cí xī rén máo shì nǚ nián shí sì suì fù mǔ jù
【原文】明慈溪人茅氏女，年十四岁。父母俱
wáng dú yǔ xiōng sǎo jū qí xiōng bìng wěi wò zhí wō kòu rù
亡，独与兄嫂居。其兄病痿卧[①]，值倭寇入
xiàn sǎo chū bēn hū nǚ yǔ xié nǚ yuē wǒ shì nǚ jiāng
县[②]，嫂出奔，呼女与偕。女曰："我室女[③]，将
ān zhī qiě ěr wǒ jù qù shuí fú wú xiōng zhě nǎi jiān jué shì
安之？且尔我俱去，谁扶吾兄者？"乃坚决侍
xiōng bìng ér bù xíng wō kòu zhì zòng huǒ nǚ lì fú qí xiōng bì
兄病而不行。倭寇至，纵火。女力扶其兄，避
kōng shì jìng bèi fán zhuó jù sǐ
空室，竟被燔灼俱死[④]。

【注释】①**痿**：身体萎缩的病。②**倭**：日本。③**室女**：未出嫁的女子。④**燔**：焚烧。

【译文】明代慈溪的茅家有个女儿，年纪十四岁。她父母都去世了，她就自己一个人跟哥哥嫂子住。她哥哥得了身体萎缩的病，卧床不起，那时刚好碰到日本兵打进了县城，嫂子逃了出去，叫她一起逃走。她说："我是个还没嫁人的女孩，能去哪儿呢？并且你跟我都走了，谁来扶我哥哥呢？"她就很坚决地侍奉着哥哥的病，不逃走。日本强盗到了，放火烧房子，她尽力地扶了哥哥到空屋躲避，结果两人都被烧死了。

sì shí sì cáo dù yì rǔ

四十四　曹杜易乳

【原评】曹杜氏以遗腹产女，家无他丁，翁嗣将绝，日讽姑劝翁娶妾，欲得一夫弟以延宗祧（祧：音tiāo，远祖的庙。宗祧：指家族）。既得夫弟而庶姑死，乃易乳以保全之。成始成终，出于天性，非特孝悌两全，抑且节绝义昭著矣。

míng cáo guì qī dù shì nián èr shí sì ér guǎ yí fù
【原文】明曹桂妻杜氏，年二十四而寡[1]。遗腹
shēng nǚ niàn jiā wú tā dīng wēng sì jiāng jué rì fěng gū wèi
生女[2]，念家无他丁[3]，翁嗣将绝，日讽姑为
wēng qǔ qiè cóng zhī dé yī zǐ mí yuè qiè sǐ dù jí
翁娶妾[4]。从之，得一子。弥月[5]，妾死，杜即
yǐ jǐ nǚ tuō zú mǔ ér zì rǔ wēng zǐ yú nián wēng gū bìng
以己女托族母，而自乳翁子。逾年[6]，翁姑并
mò huò wèi zhī yuē rǔ xīn kǔ fǔ fū dì néng yǐ fū dì
没。或谓之曰[7]：“汝辛苦抚夫弟，能以夫弟
wéi hòu yé dù yuē fū dì hòu wēng tā rì dé shēng èr
为后耶？”杜曰：“夫弟后翁[8]，他日得生二
zǐ zé qí yī jí wǒ hòu yě
子，则其一即我后也。”

【注释】①**寡**：死了丈夫。②**遗腹**：父亲死后出生的。③**丁**：成年男子。④**讽**：婉言相劝。⑤**弥**：满。⑥**逾**：过。⑦**或**：有人。⑧**后翁**：即“为翁之后”，做公公的后代。

【译文】明代曹桂的妻子杜氏，二十四岁的时候丈夫就去世了。她遗腹生下了一个女儿，考虑到家里没有其他男丁，公公家的香火就要断绝了，就每天劝婆婆给公公娶个妾。婆婆就听从了她，后来那个妾生了一个儿子。才刚满月，妾就死了，杜氏就把自己的女儿托付给族母抚养，自己给公公的儿子喂奶。过了一年，公公婆婆都去世了。有人跟她说：“你辛苦抚养丈夫的弟弟，难道可以把丈夫的弟弟当成自己的后代吗？”杜氏说：“丈夫的弟弟是公公的后代。将来如果他生两个儿子，那么其中有一个就是我的后代了。”

sì shí wǔ　máo cáo jìng ài
四十五　茅曹敬爱

【原评】茅诚贤矣，而曹初以为姒(姒：音sì，丈夫的嫂子)，敬奉不懈，悌也。夫执茅手，以礼谏之，亦悌也。迨(迨：音dài，等到)明真相，嫡庶互让。茅父且感其事而悟，老年兄弟，和乐如初，尝语人曰："使吾兄弟式好(式好：骨肉和好)者，吾女也。"於戏！二女之感人深矣。

【原文】
míng tán zōng shèng qī máo shì duō bìng wú zǐ quàn fū yǐ jì
明谭宗胜妻茅氏，多病无子。劝夫以继
shì lǐ qǔ cáo shì tán cóng zhī cáo jiàn máo wèn wéi shuí tán dài
室礼娶曹氏，谭从之。曹见茅，问为谁。谭绐
zhī yuē sǎo yě cáo suì jìng fèng tāng yào bú xiè hòu jiàn fū
之曰①："嫂也。"曹遂敬奉汤药不懈。后见夫
chí máo shǒu mài shì ér qì cáo nǎi yǐ lǐ jiàn tán bù dé yǐ
持茅手脉，视而泣。曹乃以礼谏，谭不得已
yǐ shí gào cáo yuē wú shī lǐ duō yǐ jí zǒu bài máo chuáng
以实告。曹曰："吾失礼多矣。"亟走拜茅床
xià máo jīng dá bài yuē qū jūn ruò cǐ wǒ hé néng ān
下。茅惊，答拜曰："屈君若此，我何能安？"
gù xùn suì yǐ zǐ mèi xù chǐ
固逊②，遂以姊妹序齿③。

【注释】①**绐**：同"诒"，欺骗。②**逊**：谦让。③**序齿**：以年龄为次序。

【译文】明代谭宗胜的妻子茅氏，身体多病，没有儿子。她就劝丈夫用娶后妻的礼仪去娶曹氏，谭宗胜听从了她的话。曹氏见到茅氏，就问是谁。谭宗胜就骗她说："是我嫂子。"曹氏就很恭敬地给茅氏侍奉汤药，从不懈怠。后来看见丈夫握着茅氏的手脉，看着看着就哭了。曹氏就用礼法来劝谏丈夫，谭宗胜不得已，就把真实情况告诉了曹氏。曹氏说："我太失礼了。"就急忙走到茅氏的床前跪拜。茅氏吓了一跳，也跪拜答道："委屈你到现在这样的地步，我怎么能够心安呢？"两人一直在谦让，后来就按年纪排序，以姐妹称呼了。

sì shí liù suì nǚ fǔ dì
四十六　穗女抚弟

【原评】陈女所处之境，伶仃孤苦，岌岌（岌岌：音jí jí，危急的样子）可危，稍不谨慎，祸即随之。迺（迺：音nǎi，同“乃”）矢志抚弟，预防周至，非但不示人以隙，且令其感愧以去，化险为夷，保全门户，可谓女中丈夫矣。

míng chén suì nǚ nián shí bā fù mǔ mò èr dì zhǎng zhě

【原文】明陈穗女，年十八，父母殁，二弟长者

liù suì shào zhě wǔ suì qīn zú lì qí yǒu rì dān dān yú

六岁，少者五岁。亲族利其有①，日眈眈于

páng nǚ shǐ zhì fǔ dì zhì zhǒu shù shí jù jiǔ shí yǐ

旁②。女矢志抚弟③，置帚数十④，具酒食以

dài hán yè zú xiōng dì chéng hēi kòu mén nǚ rán zhǒu qǐ hù

待⑤。寒夜，族兄弟乘黑叩门，女燃帚启户，

kuǎn yǐ jiǔ shí jiē dà cán guǐ yuē wú bèi yè xíng huǒ miè

款以酒食。皆大惭。诡曰：“吾辈夜行，火灭

qiú zhú ěr zì cǐ suì jué yì jí èr dì bì hūn nián sì shí

求烛耳。”自此遂绝意。及二弟毕婚，年四十

wǔ nǎi jià wú zǐ èr dì yíng yǎng zhōng shēn

五乃嫁。无子，二弟迎养终身。

【注释】①**利**：贪。②**眈眈**：眼睛注视，虎视眈眈。③**矢志**：立下誓愿。④**帚**：扫帚，此处指火把。⑤**具**：备，办。

【译文】明代陈穗的女儿，十八岁的时候父母去世了，有两个弟弟，大的六岁，小的五岁。宗族里的亲戚贪图他们家有钱，天天在一旁盯着想分些财产。陈穗女儿立下誓愿要抚养弟弟，她准备了几十支火把，置办好了酒饭等他们上门。一个寒冷的夜里，族里的兄弟趁着天黑来敲门，她点燃了火把开了门，用酒饭款待他们。于是族兄弟们都感到了惭愧，就骗她说：“我们走夜路，灯火灭了，所以来借蜡烛罢了。”从此他们就打消了贪图陈家钱财的念头。而陈穗的女儿一直等到两个弟弟都结了婚，自己四十五岁那年才出嫁。后来没有生儿子，两个弟弟就把她迎接回来养老。

四十七　欧冯均产

sì shí qī　ōu féng jūn chǎn

【原评】父母爱幼子,常情也,况公池又为嫡子乎?父分产欲厚嫡子,而冯氏乃以嫡庶服之无别。明分产之不可有厚薄。冯氏此言,知礼达义,对于翁则孝,对于夫则悌,诚可以为后世法矣。

míng ōu gōng chí qī féng shì shùn dé rén gōng chí yǒu liǎng
【原文】明欧公池妻冯氏，顺德人。公池有两
xiōng jiē shù chū fù fēn chǎn yù hòu gōng chí féng shì qǐng yuē
兄，皆庶出。父分产，欲厚公池。冯氏请曰：
dí zǐ shù zǐ wèi fù mǔ fú yǒu chā děng hū ōu fù yuē
“嫡子庶子为父母服①，有差等乎？”欧父曰：
jiē sān nián féng yuē sān zǐ jiē wēng suǒ shēng fú jì wú
“皆三年。”冯曰：“三子皆翁所生，服既无
bié fēn chǎn kě yǒu bié hū ruò shì fēi qiè suǒ yuàn yì fēi hòu
别，分产可有别乎？若是非妾所愿，亦非后
rén fú yě ōu fù jiā tàn ér cóng zhī
人福也。”欧父嘉叹而从之②。

【注释】①**嫡子**：正妻生的儿子。**庶子**：妾生的儿子。②**嘉叹**：赞叹。

【译文】明代欧公池的妻子冯氏，是顺德人。欧公池有两个哥哥，都是庶母所生。欧公池的父亲分家产的时候，想给欧公池多分一点。冯氏就问欧公池的父亲说：“嫡子和庶子为父母服丧，有什么差别吗？”欧公池的父亲说：“都是三年的服丧期限。”冯氏说：“三个儿子都是公公生的，既然丧服没有分别，分家产可以有分别吗？如果有分别的话，这不是我所想要的，也不是后人的福气。”欧公池的父亲听了冯氏的话很赞许她，就听从了她的话。

sì shí bā　yú wáng quàn wēng

四十八　俞王劝翁

【原评】财重兄弟重数语，人虽知之而不肯言，言之而不肯行。王氏一女子耳，竟能作此言，劝翁实行，共复悌道，而天亦报施（报施：回报）不爽（爽：差错）。可见人贵勤劳，不在遗产之多寡，世之争产者，可以休矣。

【原文】明俞僧妻王氏，新昌人。僧无兄弟，而伯有六子，甚横[1]，欲七分其田宅。僧父持之坚，遂交恶[2]。王氏知之，白僧父曰[3]：“财重乎？兄弟重乎？愿翁慎所处[4]。”僧父从之。僧伯大喜，遂式好如初[5]。王氏勤治生[6]，后十余年，伯产尽归王氏。

【注释】①**横**：蛮横无理。②**交恶**：感情破裂，互相憎恨仇视。③**白**：告诉。④**处**：处理。⑤**式好**：骨肉和好。⑥**治生**：经营家业。

【译文】明代俞僧的妻子王氏，是新昌人。俞僧没有亲兄弟，而伯父有六个儿子，都很蛮横无理，要把田产房产分成七份。俞僧的父亲坚持不肯这样，他们的关系就破裂了。王氏知道了这事，就对俞僧的父亲说：“钱财重要还是兄弟重要呢？希望公公慎重地处理这件事。”俞僧的父亲听从了她的话。俞僧的伯父非常高兴，两兄弟就和好如初了。王氏勤力地理家，过了十几年，俞僧伯父的家产都卖给了王氏。

sì shí jiǔ zhōu gōng zhù dài
四十九 周公祝代

【原评】李文耕曰:“周公之孝弟,其大处在相成王制礼作乐,使文武之志事,到几微无遗憾处。然即其告三王,身代兄死,至诚激发,足以感泣风雷,则周官周礼,岂非字字从血性中流出乎?”

zhōu gōng jī dàn wǔ wáng zhī dì wǔ wáng kè shāng èr nián
【原文】周公姬旦，武王之弟。武王克商二年①，
yǒu jí fú yù zhōu gōng wéi tán zhí bì bǐng guī gào tài wáng
有疾弗豫②。周公为坛，植璧秉珪③，告太王④、
wáng jì wén wáng yuàn yǐ shēn dài wǔ wáng jí xuán chōu qí
王季⑤、文王⑥，愿以身代。武王疾旋瘳⑦，其
zhù cè nà yú jīn téng hòu zāo liú yán jū dōng chéng wáng gǎn fēng
祝册纳于金縢⑧。后遭流言，居东。成王感风
léi zhī biàn yǔ dà fū guàn biàn cháo fú qǐ jīn téng nǎi dé
雷之变⑨，与大夫冠弁朝服⑩，启金縢，乃得
zhōu gōng suǒ zì yǐ wéi gōng dài wǔ wáng zhī shū chéng wáng zhí shū yǐ
周公所自以为功代武王之书。成王执书以
qì suì qīn yíng zhōu gōng ér guī
泣，遂亲迎周公而归。

【注释】①**克**：战胜。②**弗豫**：不安乐。③**植**：通“置”，放。**植璧**：把玉放在神灵前。**秉**：拿着。**珪**：同“圭”，古代帝王或诸侯在举行典礼时拿的玉器，上圆(或剑头形)下方。④**告**：禀告。**太王**：周公、武王的曾祖父古公亶父。⑤**王季**：周公、武王的祖父季历。⑥**文王**：周公、武王的父亲姬昌。⑦**瘳**：病痊愈。⑧**縢**：封闭，这里指柜子。⑨**风雷之变**：指秋收时节的风灾。⑩**弁**：一种帽子。

【译文】周代的周公名叫姬旦，是周武王的弟弟。武王在战胜商朝的第二年，生了病，很不安乐。周公就设了一个祭坛，在神位前放了玉，手里拿着圭玉，向曾祖父太王、祖父王季、父亲文王禀告，愿意用自己的身子去代哥哥受苦。于是武王的病很快就好了，周公这篇祝文就藏在一个金柜里。后来周公被人说了坏话，就离开京城，去到东都洛邑居住了。那时武王已死，成王即位，突然出现了风灾，成王有所感触，就跟大夫们戴上礼帽，穿上礼服，打开了金柜，拿到了周公愿代武王受苦的那篇祝文。于是成王拿着祝文哭了，就亲自去把周公迎接了回来。

wǔ shí jí shòu zhēng sǐ

五十　伋寿争死

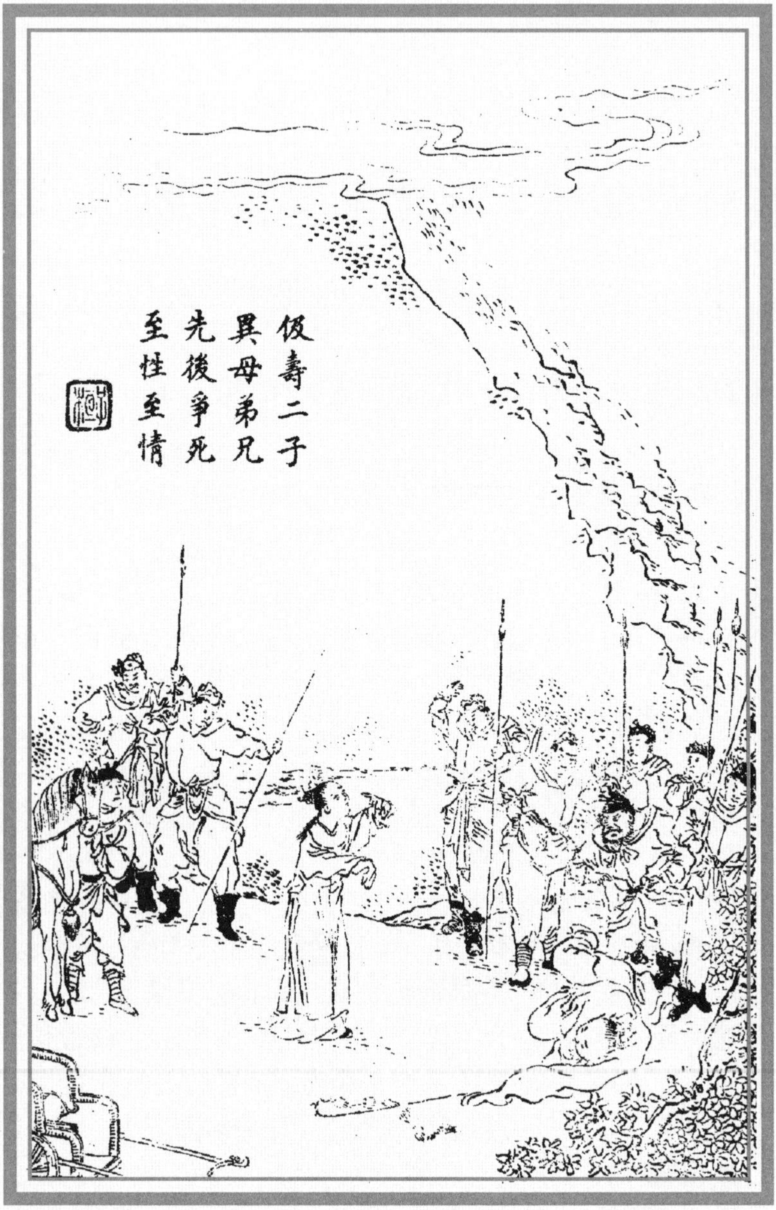

【原评】李文耕谓:"人道至宣公绝矣。乃伋寿弟兄,于君父之命,挽之不能,逃之不忍。一则先兄以死,而冀兄之万一不死。一则继弟而死,而不忍弟之独为己死。至性至情,一往不回,千载下犹足令人陨涕。"

zhōu wèi gōng zǐ jí xuān gōng zhī dí zǐ yě hòu xuān gōng duó

【原文】周卫公子伋，宣公之嫡子也。后宣公夺

jí zhī qī shì wéi xuān jiāng shēng shòu yǔ shuò shuò yǔ xuān jiāng sù

伋之妻，是为宣姜，生寿与朔。朔与宣姜愬

jí yú xuān gōng gōng lìng jí zhī qí shǐ zéi xiān dài yú ài ér

伋于宣公①，公令伋之齐②，使贼先待于隘而

shā zhī shòu zhī zhī yǐ gào jí jí yuē jūn mìng yě bù

杀之③。寿知之，以告伋。伋曰：“君命也，不

kě yǐ táo shòu qiè qí jié ér xiān wǎng zéi shā zhī jí zhì

可以逃。”寿窃其节而先往④，贼杀之。伋至，

yuē jūn mìng shā wǒ shòu yǒu hé zuì zéi yòu shā zhī guó rén

曰：“君命杀我，寿有何罪？”贼又杀之。国人

shāng zhī fù èr zǐ chéng zhōu zhī shī

伤之，赋《二子乘舟》之诗⑤。

【注释】①**愬**：同“诉”，告诉。②**之**：往。③**隘**：险要的地方。④**节**：古代出使外国的凭证。⑤**《二子乘舟》**：指《诗经·国风·邶风·二子乘舟》。

【译文】周代春秋时期卫国的公子名伋，是卫宣公正妻生的长子。后来宣公抢了公子伋的妻子，就是宣姜，宣姜生了寿和朔两个儿子。朔和宣姜去跟宣公讲伋的坏话，宣公就叫伋到齐国去，让一个刺客事先在路上险要的地方等着，要杀掉伋。寿知道了这件事，就告诉了伋。伋说：“这是君上的命令，我不能逃跑的。”寿就偷偷拿走了伋前往齐国的符节，自己先走，结果刺客以为他是伋，就把他杀了。等伋也到了那个地方，他就跟刺客说：“君上叫你来杀我，寿又有什么罪呢？”于是刺客又把他杀了。卫国人为此都很伤心，就作了《二子乘舟》的诗来纪念他们。

wǔ shí yī bó yú shí wǎng

五十一 伯鱼十往

【原评】李文耕曰:“按第五公之私,是何等省察法。而又讼言(讼言:自责)之,不稍匿讳,是何等克治法。世之待弟兄子侄者,苟以第五公为比,有一时一处非私者耶?人能如第五公之自省自责,何患不到圣贤地位?”

hàn dì wǔ lún zì bó yú qiào zhí wú sī zì jùn
【原文】汉第五伦[1]，字伯鱼。峭直无私[2]，自郡
shǒu yǐ qīng jié zhù zhuó wéi sī kōng huò wèn lún yuē gōng yì
守以清节著，擢为司空[3]。或问伦曰："公亦
yǒu sī hū duì yuē xī yǒu rén yǔ wú qiān lǐ mǎ zhě wú
有私乎？"对曰："昔有人与吾千里马者，吾
suī bú shòu měi sān gōng yǒu suǒ xuǎn jǔ xīn bù néng wàng ér yì
虽不受，每三公有所选举，心不能忘，而亦
zhōng bú yòng yě wú xiōng zǐ cháng bìng yī yè shí wǎng tuì ér ān
终不用也。吾兄子尝病，一夜十往，退而安
qǐn wú zǐ yǒu jí suī bù shěng shì ér jìng xī bù mián ruò shì
寝。吾子有疾，虽不省视，而竟夕不眠。若是
zhě qǐ kě wèi wú sī hū
者，岂可谓无私乎？"

【注释】①**第五**：复姓。②**峭**：严峻。③**擢**：选拔，提拔。**司空**：掌管工程的官。

【译文】汉代有个复姓第五名伦的人，表字叫伯鱼。他为人正直无私，在做郡守的时候就因为清廉、有节操而出名，后来被提拔做到了司空官。有人问他："先生也有私心吗？"他回答说："从前有个人送给我一匹千里马，我虽然没接受，但每次三公有选举的时候，我的心里总是不能忘怀这个人，不过最后他也没得到任用而已。我哥哥的儿子曾有一次生病，我一个晚上去看了他十次，回来之后就安心地睡着了。我儿子生病，我虽然没去看他，但整夜都睡不着。照这样看来，怎么能说我没有私心呢？"

五十二　郑均悟兄

wǔ shí èr　zhèng jūn wù xiōng

【原评】李文耕谓："凡化骨肉，虽曰至诚，岂不贵有术哉？郑均之谏兄，善矣。要其得力处，却在脱身为佣，得值与兄，以身作则，所以感悟者至切也。以身教者从，以言教者讼(讼：争辩是非)，若郑均之于兄，其术善，其心苦矣。"

hàn zhèng jūn xiōng wéi xiàn lì pō shòu lǐ wèi jūn shuò jiàn bù
【原文】汉郑均兄为县吏，颇受礼遗，均数谏不
tīng nǎi tuō shēn wèi yòng suì yú dé qián bó guī yǐ yǔ xiōng
听。乃脱身为佣，岁余，得钱帛，归以与兄
yuē wù jìn kě fù dé wéi lì zuò zāng zhōng shēn juān qì
曰："物尽可复得，为吏坐赃①，终身捐弃②。"
xiōng gǎn qí yán suì wéi lián jié jūn hào yì dǔ shí yǎng guǎ sǎo
兄感其言，遂为廉洁。均好义笃实③，养寡嫂
gū ér ēn lǐ bèi zhì zài qiān shàng shū shù nà zhōng yán sù zōng
孤儿，恩礼备至。再迁尚书，数纳忠言。肃宗
jìng chóng zhī dōng xún guò jūn shě cì shàng shū lù zhōng qí shēn rén
敬重之，东巡过均舍，赐尚书禄终其身，人
hào wéi bái yī shàng shū
号为白衣尚书。

【注释】①**坐赃**：犯贪污罪。②**捐弃**：抛弃。③**笃实**：忠厚老实。

【译文】汉代的郑均，哥哥是个县官，常常接受别人送的礼物。郑均多次劝谏哥哥，他哥哥都不听。郑均就出去给别人做工，一年多后，赚了一些钱和布帛，一回来就都交给了哥哥，说："东西用完了可以再赚回来，如果做官犯了贪污罪，那一生都完了。"他哥哥对这席话很有感触，于是就变得很廉洁自律。郑均很讲义气，又忠厚老实，养他的寡居嫂子和侄子，懂感恩又有礼节。他后来做了尚书，很多次向皇上进谏忠言。肃宗皇帝很敬重他，东巡的时候去了郑均家，赐他终身享受尚书的俸禄，因此人们都称他作"白衣尚书"。

五十三　薛包析产

wǔ shí sān　xuē bāo xī chǎn

【原评】李文耕曰："包于财产，让美取恶。视世之重财产，轻骨肉者，何啻(啻：音chì，只)霄壤(霄壤：天和地，比喻相差太远)？要其所难得者，尤在两被父逐，恋恋不去，卒以积诚感格父母。此种至性人，心目中岂复知有财产乎？惟孝友于兄弟，其包之谓欤。"

hàn xuē bāo zhì xiào fù qǔ hòu qī ér zēng bāo lǚ zhú

【原文】汉薛包至孝，父娶后妻而憎包，屡逐

zhī lú yú lǐ mén chén hūn bú fèi qīn mò dì zǐ qiú fēn

之。庐于里门[1]，晨昏不废[2]。亲没，弟子求分

yì bāo bù néng zhǐ nǎi fēn qí cái nú bì yǐn qí lǎo zhě

异[3]，包不能止，乃分其财。奴婢引其老者，

yuē yǔ wǒ gòng shì jiǔ ruò bù néng shǐ yě tián lú qǔ qí

曰："与我共事久，若不能使也[4]。"田庐取其

huāng dùn zhě yuē wú shào shí suǒ lǐ yì suǒ liàn yě qì wù

荒顿者，曰："吾少时所理，意所恋也。"器物

qǔ qí xiǔ bài zhě yuē wǒ sù suǒ fú shí shēn kǒu suǒ ān

取其朽败者，曰："我素所服食，身口所安

yě dì zǐ shuò bài qí chǎn zhé fù zhèn gǐ

也。"弟子数败其产[5]，辄复赈给[6]。

【注释】①**里门**：古代同里的人家聚居在一起，设有里门。**里**：古代五家为邻，五邻为里。②**晨昏**："晨昏定省"的省略，子女早晚向亲长问安。③**分异**：分家。④**若**：你(们)。⑤**数**：屡次。⑥**赈**：救济。

【译文】汉代的薛包，非常孝顺。他父亲娶了一个后妻，对薛包很不好，很多次赶他出家门。薛包就到里门那里住，仍坚持早晚向父母请安。父母亲去世后，他的弟弟和侄子都要求分家，薛包阻止不了他们，就把家产都分了。在奴婢里面，他选了那些年老的，说："他们和我一起做事已经很久了，你们没法使唤他们的。"分田地房屋的时候，他又选了那些荒废的，说："这都是我小时候治理过的，心里还很留恋。"至于日常的器物，他选了那些破败的，说："这都是我向来用惯的，这样我的身体和口嘴就感到很安然了。"后来弟弟和侄子多次把家产用光，薛包每次都去救济他们。

wǔ shí sì　dèng yōu qì zǐ

五十四　邓攸弃子

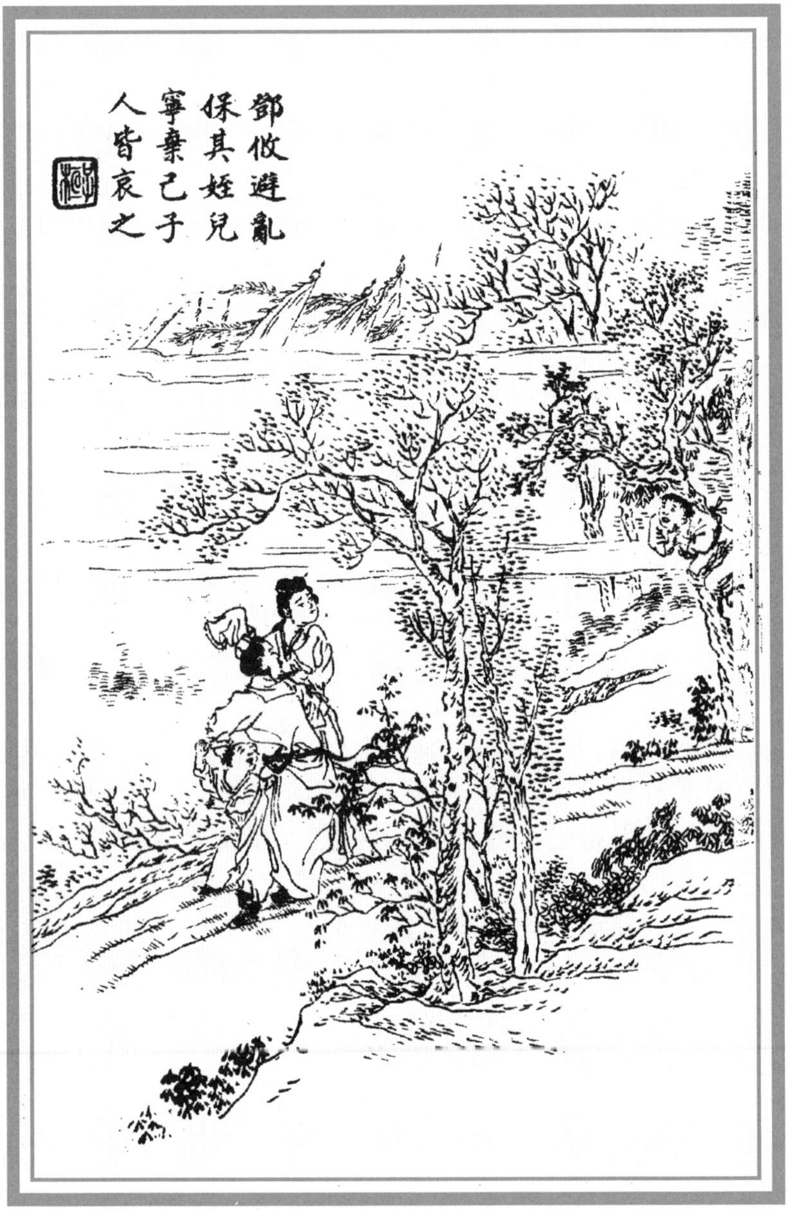

【原评】李文耕曰:“按邓仆射事,与鲁义姑同,皆于流离颠沛中,不失其本心者。虽卒以无子,为气数之偶差,然人人义而哀之,固百世不没矣。况其弟子绥之感义服丧,俎豆(俎豆:祭祀用的礼器)不祧(祧:音tiāo,把隔了几代的祖宗的神主迁入远祖的庙)者乎?”

jìn dèng yōu zì bó dào shí lè bīng qǐ yōu qiè jiā ér
【原文】晋邓攸，字伯道。石勒兵起①，攸挈家而
táo zéi lüè qí niú mǎ bù zǒu dān qí ér jí zhí suí duó
逃②。贼掠其牛马，步走，担其儿及侄绥。度
bù néng liǎng quán nǎi wèi qī yuē wú dì zǎo wáng wéi yǒu yī
不能两全③，乃谓妻曰：“吾弟早亡，惟有一
xī lǐ bù kě jué yīng zì qì wǒ ér xìng ér dé cún wǒ
息④，理不可绝，应自弃我儿。幸而得存，我
hòu dāng yǒu zǐ qī qì ér cóng zhī nǎi jì qí zǐ yú shù ér
后当有子。”妻泣而从之，乃系其子于树而
qù zú bú yù shí rén yì ér āi zhī qí zhí suí fú yōu sàng
去。卒不育，时人义而哀之。其侄绥服攸丧
sān nián fèng sì rú suǒ shēng
三年，奉祀如所生。

【注释】①**石勒**：十六国时期后赵国的建立者，北方胡人，起兵攻打中国。②**挈**：带。③**度**：推测。④**息**：儿女。

【译文】晋代的邓攸，表字叫伯道。胡人石勒起兵攻打中国，邓攸就带着全家逃难去。强盗把他们的牛马抢走了，他们只能步行，邓攸用肩头担着儿子和侄子邓绥走。邓攸推想着这两个孩子没法全都保全，就对妻子说：“我弟弟早早去世了，只留下这个孩子，照理说不可以让他绝后，所以应该把我们自己的儿子丢弃了。如果我们两人侥幸能够活下来，那我以后应该还是会有儿子的。”他妻子哭着，听从了他的话，于是把儿子绑在树上，然后就离开了。但邓攸最后却没有儿子，当时的人觉得他很有义气，很可怜他。后来邓攸去世了，侄子邓绥为他服丧三年，像亲生父亲一样祭祀他。

wǔ shí wǔ yán hán shì jí

五十五　颜含侍疾

【原评】颜畿棺开复活，气息甚微，将护累月，犹不能语。饮食所须，托之于梦。阖家营视，顿废生业。虽母妻不能无倦，独含乃侍养不离，十三年之久，事父母无以过矣。宜其累叶（叶：世，代）后，有杲卿、真卿（杲：音gǎo。杲卿、真卿，即颜杲卿、颜真卿两兄弟）之劲节精忠也。

jìn yán hán zì hóng dū xiōng jī dé jí sǐ fù huó lèi

【原文】晋颜含，字宏都。兄畿得疾，死复活，累

yuè yóu bù néng yǔ hán jué qì rén shì gōng qīn shì yǎng zú bù

月犹不能语。含绝弃人事，躬亲侍养，足不

chū hù zhě shí yòu sān nián cì sǎo fán shì yīn jí shī míng yī

出户者十有三年。次嫂樊氏，因疾失明，医

fāng xū rán shé dǎn biàn qiú bú huò hán yōu tàn lèi rì cháng

方须蚺蛇胆①，徧求不获②。含忧叹累日，尝

zhòu dú zuò hū yǒu qīng yī tóng zǐ chí yī qīng náng shòu hán kāi

昼独坐，忽有青衣童子，持一青囊授含。开

shì nǎi shé dǎn yě tóng zǐ chū hù huà qīng niǎo fēi qù sǎo bìng

视，乃蛇胆也。童子出户，化青鸟飞去。嫂病

dé yù hán hòu bài shì zhōng

得愈，含后拜侍中③。

【注释】①**蚺**：同“蚦”，蟒蛇。②**徧**：同“遍”。③**侍中**：门下省的长官。

【译文】晋代的颜含，表字叫宏都。他哥哥颜畿生了病，已经去世了却又复活了，只是好多个月都不能说话。颜含就抛下其他一切事情，亲自侍养他，甚至都不出门，这样足足有十三年。他第二个嫂子樊氏，因为生病眼睛瞎了，医生的药方是需要蟒蛇胆做药，但他找遍了都找不到蟒蛇胆，他因此忧愁叹息了好多天。有一天白天，他独自坐着，忽然一个穿着青衣的童子，拿一个青色的袋子给他。他打开一看，正是蟒蛇胆。那个童子走出门，化成了一只青鸟飞去了。他嫂子的病因此痊愈了。颜含后来做了侍中的官。

wǔ shí liù yàn xiāo xī zhù

五十六　彦霄析箸

【原评】彦霄谏兄不听，遂求分析，迨兄荡产，迎归主家。如此苦心，兄能不改过乎？史玉涵曰：“此等处全要纯是一片恻怛（怛：音dá，忧伤）至诚，才得泯然无迹，两两相忘。若有纤毫介介（介介：不能忘怀），便触人心目。兄嫂受之，亦决不能安矣。”

【原文】晋赵彦霄与兄彦云，亲丧，同爨十二年①。彦云浪游废业，彦霄谏不听，遂求分析②。越五年，兄产荡然③，逋负盈门④，渐欲逃亡。彦霄因置酒迎兄嫂饮，告曰："弟初无分爨意，以兄不节用，敬为守先业之半。今请归，仍主家政。"即取分券，火之，出所蓄，偿诸负。兄惭，遂改过焉。

【注释】①**爨**：灶，做饭。②**析**：分。③**荡然**：消失。④**逋**：拖欠。**逋负**：欠债。**盈门**：充满门庭，比喻很多。

【译文】晋代的赵彦霄，哥哥叫赵彦云。父母去世之后，他们同住同吃有十二年。但赵彦云因为总在外面游荡，废弃了职业，赵彦霄劝他他又不听，于是赵彦霄就请求分家。过了五年，他哥哥的财产都用光了，还欠了很多债，慢慢地就有了逃跑的想法。赵彦霄就设了酒席，迎接哥哥嫂子来喝酒，对他们说："弟弟我当初并没有分家的意思，只是因为哥哥不节约，因此用分家的办法来将先人的产业保存一半。现在把这些家产都还给你们，你们仍然来主持家里的事务。"当即就拿出了当年分居分产的契约，烧掉了，又拿出积蓄的钱，偿还了哥哥的债务。赵彦云很惭愧，因此就改过自新了。

wǔ shí qī　cài kuò fèng xiōng

五十七　蔡廓奉兄

【原评】谚云："长兄如父。"然能事兄如事父，家事大小，悉咨而后行，公禄赏赐，尽入于兄，殊不多觏（觏：音gòu，遇见）。至起二宅，先成东宅以居兄，是爱敬之心，无处不然也。德教所及，少子年虽十龄，亦能以悌继悌矣。

nán sòng cài kuò jì yáng kǎo chéng rén yán xíng yǐ lǐ mǔ
【原文】南宋蔡廓，济阳考城人。言行以礼，母
sāng sān nián bú zhì bú mù fèng qí xiōng guǐ rú fù jiā shì dà
丧三年，不栉不沐①。奉其兄轨如父，家事大
xiǎo jiē zī ér hòu xíng gōng lù shǎng cì yī jiē rù yú guǐ
小，皆咨而后行②。公禄赏赐，一皆入于轨。
bà yù zhāng jùn huán qǐ èr zhái xiān chéng dōng zhái yǔ xiōng guǐ jū
罢豫章郡还，起二宅，先成东宅，与兄轨居
zhī hòu kuò zú guǐ zhì shì guī sòng qián wǔ shí wàn yǐ bǔ
之。后廓卒，轨致仕归③，送钱五十万，以补
zhái zhí kuò zhī shào zǐ xīng zōng fǔ shí suì yì néng tǐ fù yì
宅值。廓之少子兴宗甫十岁④，亦能体父意，
bái qí mǔ què zhī
白其母却之⑤。

【注释】①**栉**：梳头。**沐**：洗头发。②**咨**：询问，商议。③**致仕**：辞官。④**甫**：刚刚。⑤**却**：不接受。

【译文】南宋的蔡廓，是济阳考城人。他的言行总是依照礼法来，母亲去世了，他守丧三年，不梳头也不洗发。他侍奉哥哥蔡轨就像侍奉父亲一样，家里的大小事，都要先跟哥哥商量，然后才做。他做官的俸禄和所受的赏赐，都交给了哥哥。他辞掉豫章太守的官回来之后，建了两间屋子，先建好东边的屋子给哥哥住。后来蔡廓死了，蔡轨也辞官回来了，就送了五十万的钱给弟弟家，用来补偿屋子的价值。蔡廓的小儿子蔡兴宗才刚十岁，也能体察他父亲的意愿，就跟母亲说把钱还回去。

wǔ shí bā　cuī tǐng shì tì

五十八　崔挺世悌

【原评】崔氏全家，皆敦悌道。挺爱其弟，让宅推田，其诸子效之，则敬事叔母如母。芬丧其弟，恸哭蔬食，诸弟化之，则奉事长兄如父。夫行妇效，兄友弟恭。孝芬有子八人，半皆显贵，盖一门和气所酝酿耳。

běi wèi cuī tǐng sān shì tóng jū suì jī shǐ xī yǔ dì

【原文】北魏崔挺三世同居，岁饥，始析。与弟

zhèn tuī ràng tián zhái jǐn shǒu mù tián tǐng yǒu liù zǐ gòng dūn tì

振推让田宅，仅守墓田①。挺有六子，共敦悌

dào zhǎng xiào fēn zhū dì xiào wěi děng fèng rú fù zhū fù yì

道②。长孝芬，诸弟孝暐等奉如父③，诸妇亦

xiāng qīn ài yǒu wú gòng zhī xiào yǎn xiào zhèng xiān zú xiào fēn yǔ

相亲爱，有无共之。孝演、孝政先卒，孝芬与

dì tòng kū jué ròu shū shí chū zhèn wáng xiào fēn děng fèng shū

弟恸哭，绝肉蔬食。初，振亡，孝芬等奉叔

mǔ ruò suǒ shēng jiā shì xī zī jué cái wù chǐ cùn jiē guī kù

母，若所生。家事悉咨决，财物尺寸皆归库④。

sì shí fēn lài shū mǔ zhǔ zhī

四时分赉⑤，叔母主之。

【注释】①**墓田**：坟墓前面的田地。②**敦**：厚道。③**暐**：同"炜"。④**库**：公共的仓库。⑤**赉**：赐予，给予。

【译文】北魏的崔挺家，有三代人一起住着，有一年饥荒，他们才分了家产。崔挺和弟弟崔振推让了好的田地和房子，两兄弟只守着祖宗坟墓前面的田地。崔挺有六个儿子，都很厚道，相亲相爱。大儿子叫崔孝芬，崔孝暐等几个弟弟像侍奉父亲一样侍奉他，几个媳妇也都相亲相爱，拥有的东西都共享。崔孝演、崔孝政两人先死了，崔孝芬和弟弟们哭得很悲痛，都不吃肉了，只吃素菜。当初他们的叔父崔振去世了，崔孝芬他们几个兄弟侍奉叔母就像侍奉自己的母亲一样。家里的事务都要跟叔母商议才决定，所有财物无论大小都放到库房里去。每到四季分赏的时候，都由叔母主持分配。

wǔ shí jiǔ yáng bō tīng táng

五十九　杨播厅堂

【原评】昆季终日相对不入内，甚且以厅堂为寝息之所，不啻姜被同温矣。李文耕谓："兄弟以天合，如播与椿、津，形影不离，坐立不苟(苟：随意)，每食必集，见物必思，真时时见其天矣。世之人乃独以人汩(汩：音gǔ，消灭)其天，何哉？"

běi wèi yáng bō zì yuán xiū dì chūn jīn bìng dūn yì
【原文】北魏杨播，字元休。弟椿、津，并敦义

ràng kūn jì xiāng shì rú fù zǐ bō xìng gāng yì chūn jīn gōng
让，昆季相事如父子①。播性刚毅，椿、津恭

qiān xiōng dì jù yú táng zhōng rì xiāng duì wèi cháng rù nèi yǒu yī
谦。兄弟聚于堂，终日相对，未尝入内。有一

měi wèi bù jí bù shí tīng táng jiān wǎng wǎng wéi màn gé zhàng wèi
美味，不集不食。厅堂间往往帷幔隔障②，为

qǐn xī zhī suǒ shí jiù xiū yǎn huán gòng tán xiào yī jiā zhī
寝息之所，时就休偃③，还共谈笑。一家之

nèi nán nǚ bǎi kǒu sī fú tóng cuàn tíng wú xián yán xiōng dì
内，男女百口，缌服同爨④，庭无闲言⑤。兄弟

sān rén wéi guān jiē yǐ zhōng jǐn chèng
三人，为官皆以忠谨称。

【注释】①**昆季**：兄弟。②**帷幔**：帐幕。③**偃**：停息。④**缌**：细麻布。**缌服**：缌麻服。古代的丧服按照亲疏关系分“斩衰、齐衰、大功、小功、缌麻”五种等级，称为“五服”，缌麻服是给远亲穿的。⑤**闲言**：也作“间言”，非议的话，离间的话。

【译文】北魏的杨播，表字叫元休。他有两个弟弟杨椿、杨津，兄弟三人都很厚道，有义气，也很谦让，兄弟们相处就像父子一样。杨播天性刚毅，他两个弟弟则很恭敬谦和。三兄弟总是在大堂里待着，一整天都在一起，没有到里屋去。有好吃的，有一个没到就不会先吃。大堂里面总是挂着帐子，做成了睡觉休息的地方，他们就时常在那里休息，一起聊天玩笑。他们一家里面，男男女女有一百多人，五服以内的都同吃同住，家庭里没有闲言闲语。他们兄弟三人，做官都有忠厚谨慎的名声。

liù shí yáng jīn jìng zhǎng

六十 杨津敬长

【原评】观于杨津之敬兄，恭至极点，无以复加。上下数千年间悌弟，当推杨津为第一。四时果物之微，必先寄后食，非但不寄则不食，且未寄尚不食焉。而椿亦每得所寄，辄对之泣下，宜兄宜弟，其斯之谓欤。

běi wèi yáng jīn nián guò liù shí yǔ xiōng chūn bìng dēng tái dǐng

【原文】北魏杨津年过六十，与兄椿并登台鼎①。

jīn yóu dàn mù cān wèn zǐ zhí luó liè jiē xià chūn bú mìng zuò

津犹旦暮参问②，子侄罗列阶下，椿不命坐，

jīn bù gǎn zuò chūn chū wèi guī jīn bù xiān shí shí zé qīn shòu

津不敢坐。椿出未归，津不先食。食则亲授

chí zhù wèi jiē xiān cháng chūn mìng shí shǐ shí chūn huò tā chù zuì

匙箸③，味皆先尝，椿命食始食。椿或他处醉

guī jīn fú chí huán shì réng jiǎ qǐn gé qián chéng hòu ān fǒu

归，津扶持还室，仍假寝阁前④，承候安否⑤。

chū jīn wéi zhōu shǒu chūn zài jīng měi sì shí jiā wèi zhé qiǎn shǐ

初，津为州守，椿在京，每四时佳味，辄遣使

jì wèi jì bù xiān shí

寄，未寄不先食。

【注释】①**台鼎**：三公，中央的高官。②**参问**：询问，这里指问安。③**匙**：调羹。**箸**：筷子。④**假寝**：没有脱衣服睡，打盹。⑤**承候**：侍奉问候。

【译文】北魏的杨津，年纪已经过了六十岁，和他哥哥杨椿一起在朝廷当三公。杨津还是早晚都向哥哥问安，儿子侄子都在台阶下站着，杨椿没让他坐，杨津就不敢坐。杨椿外出没回家，杨津就不敢先吃饭。吃饭的时候，杨津亲自拿调羹筷子给哥哥，饭菜的味道都由自己先尝，试试好坏，等杨椿让他吃了，他才开始吃。有时候杨椿从外面喝醉回来，杨津就把他扶回寝室，自己就在阁子里打盹，随时侍奉哥哥，问候是否舒服。当初，杨津在地方做太守，而杨椿在京城做官，每当四季有美味的食物，杨津就派人送给哥哥，没有寄出去之前他自己是不先吃的。

liù shí yī　　sū qióng shì zhēng

六十一　苏琼释争

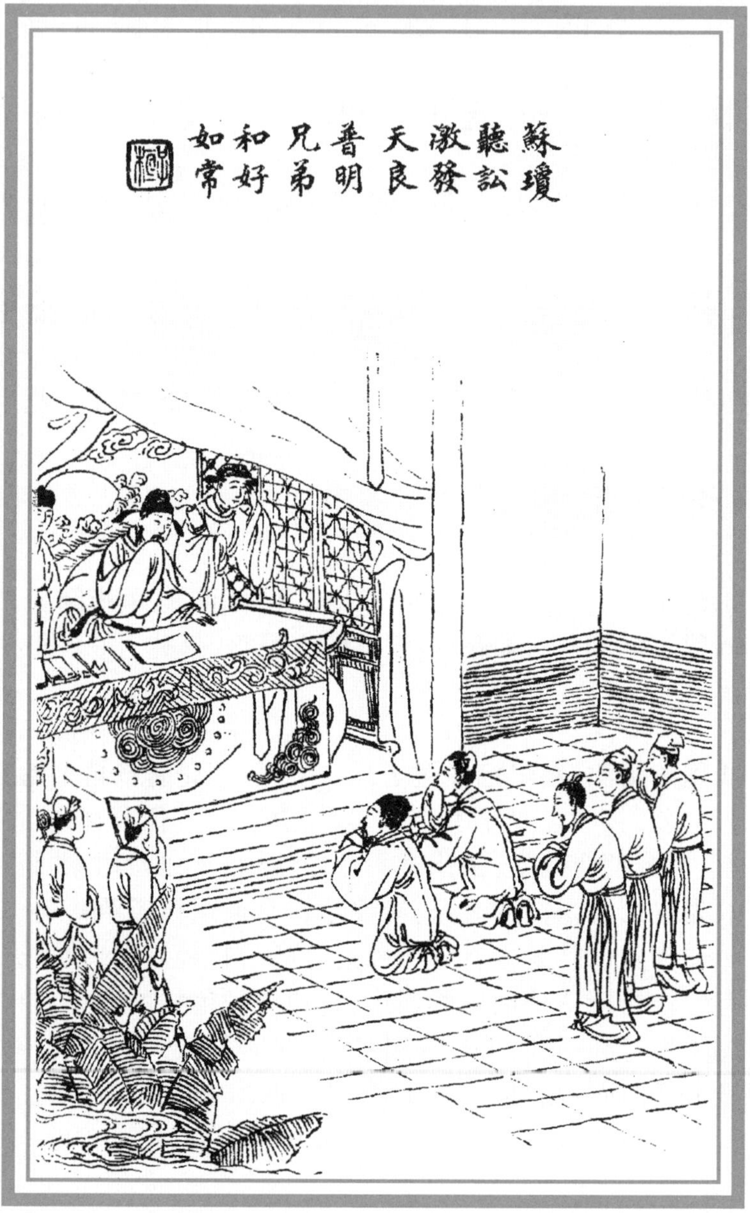

【原评】李文耕谓："普明兄弟，汩(汩：音gǔ，消灭)其天性久矣。苏琼提出良心真处，恳款(恳款：恳切忠诚)悟之。而普明兄弟一朝顿悔，正孟子所谓紾(紾：音zhěn，扭)兄之臂，教之以孝弟者，而天性之良之不能终绝，于此可见矣。立教者亦急正其本可耳。"

běi qí sū qióng lèi guān qīng hé tài shǒu jùn duō dào zéi
【原文】北齐苏琼累官清和太守[①]，郡多盗贼，
jí qióng zhì jiān dào zhǐ xī mín yǒu yǐ pǔ míng xiōng dì zhēng tián
及琼至，奸盗止息。民有乙普明兄弟争田，
jī nián bú duàn gè xiāng yuán jù nǎi zhì bǎi rén qióng zhào yù zhī
积年不断，各相援据[②]，乃至百人。琼召谕之
yuē tiān xià nán dé zhě xiōng dì yì qiú zhě tián dì jiǎ lìng
曰[③]："天下难得者兄弟，易求者田地。假令
dé tián dì shī xiōng dì xīn rú hé yīn ér xià lèi zhū zhèng
得田地[④]，失兄弟，心如何？"因而下泪，诸证
rén mò bù sǎ qì pǔ míng xiōng dì kòu tóu qǐ wài gèng sī fēn yì
人莫不洒泣。普明兄弟叩头乞外更思，分异
shí nián suì hái tóng zhù
十年，遂还同住。

【注释】①**累官**：积功升官。②**援据**：引证，拉证人作证。③**谕**：告诉。④**假令**：假使。

【译文】北朝北齐的苏琼，升官做了清河太守。清河的盗贼很多，到苏琼上任之后，盗贼就没有了。清河有个百姓，叫乙普明，跟兄弟打官司争夺田地，几年来都没有结果，他们各自拉了证人来作证，足足有上百人。苏琼就把他们叫过来，告诉他们说："天底下难得的是兄弟，容易得的是田地。如果得到了田地，却失去了兄弟，你们的心会怎样呢？"因此掉下泪来，那些证人也都哭了。乙普明两兄弟向他叩头，请求到外面和解，于是在分家十年之后，两兄弟又一起住了。

liù shí èr yuán guī bì shuǐ

六十二 元规避水

【原评】许止净曰:“婚姻之道,所贵择贤尚德,而世之尚财帛,求攀援者比比。然而强宗之女,性多骄恣,甚至陵辱其夫,及其舅姑,此时悔之晚矣。董叔系援,可为殷鉴。元规幼年能见及此,可谓大雅不群矣。”

chén wáng yuán guī nián shí èr tǔ háo liú tián zī cái jù wàn
【原文】陈王元规年十二，土豪刘填资财巨万，
yǐ nǚ qì zhī mǔ yǐ yòu ruò yù jié qiáng yuán yuán guī yuē
以女妻之。母以幼弱，欲结强援①。元规曰：
yīn bù shī qīn gǔ rén suǒ zhòng qǐ kě hūn fēi lèi mǔ gǎn
“因不失亲②，古人所重，岂可婚非类？”母感
ér zhǐ shí yǒu bào shuǐ liú piāo jū zhái yuán guī wéi yī xiǎo chuán
而止。时有暴水流漂居宅，元规惟一小船，
cāng cù yǐn mǔ mèi bìng gū zhí rù chuán zì zhí jí zhào ér qù
仓卒引母妹并孤侄入船③，自执楫棹而去，
liú qí nán nǚ sān rén gé yú shù miǎo jí shuǐ tuì huò quán rén
留其男女三人阁于树杪④。及水退获全，人
jiē chèng qí zhì xíng
皆称其至行。

【注释】①**强援**：强大的靠山。②**因不失亲**：《论语》说：“因不失其亲。”**因**：依靠。另一种说法是“因”通“姻”，婚姻。因不失其亲，大概指所依靠的人应该都是亲近的人。③**仓卒**：仓猝，匆忙。④**阁**：同“搁”，放。**杪**：树梢。

【译文】南朝陈朝的王元规，十二岁的时候，土豪刘填很富有，想把女儿许给他做妻子。王元规的母亲因为他还很幼小，想找个强大的靠山，于是准备答应这门亲事。王元规说：“古人说：所依靠的人应该都是亲近的人。这是古人所重视的，怎么可以跟不合适的人结婚呢？”他母亲觉得对，就回拒了婚事。有一回，他们那里发水灾，把房子冲走了，王元规只有一条小船，他就匆忙把母亲、妹妹和一个没有了父母的侄子带上了小船，自己划船带他们走，留下自己的三个儿女，把他们放在树梢上。等到水退了，他们一家人都得救了，人家都称赞他的品行。

liù shí sān　jūn liáng chū qī
六十三　君良出妻

【原评】考何椒邱为太守，有兄弟因析居相讼，何公察之为内谗（谗：音chán，说坏话陷害），以诗判云："只因花底莺声巧，致使天边雁影分。"泣随笔下，兄弟俱悟。乃不谓竟有令鸟斗以求分者，是巧之又巧矣，宜君良之几堕其计中也。

suí liú jūn liáng sì shì tóng jū dǒu sù chǐ bó wú suǒ sī
【原文】隋刘君良四世同居，斗粟尺帛无所私。
dà yè mò huāng jǐn qī quàn qí yì jū yīn yì zhì tíng shù
大业末①，荒馑②。妻劝其异居，因易置庭树
niǎo chú lìng dǒu qiě míng jiā rén guài zhī qī yuē tiān xià
鸟雏③，令斗且鸣。家人怪之，妻曰：“天下
luàn qín niǎo bù xiāng róng kuàng rén yē jūn liáng jí yǔ xiōng bié
乱，禽鸟不相容，况人耶？”君良即与兄别
chù yuè yú mì zhī qí jì yīn chì qù qī yuē ěr pò wú
处。月余，密知其计，因斥去妻，曰：“尔破吾
jiā zhào xiōng dì liú tì yǐ gào gèng fù tóng jū dū rén gòng
家。”召兄弟，流涕以告，更复同居。都人共
yī zhī zhòng zhù wéi bǎo yīn hào yì chéng bǎo
依之，众筑为堡，因号义成堡。

【注释】①**大业**：隋炀帝年号。②**馑**：荒、馑都是谷物欠收的意思。③**雏**：小鸟。

【译文】隋代的刘君良，家里有四代人一起住，一斗粟、一尺布都不会自己私藏。隋炀帝大业末年，闹了饥荒。刘君良的妻子劝他分家产，于是偷偷把庭前树上的小鸟调换了，让小鸟之间争斗鸣叫。家人觉得很奇怪，刘君良的妻子就说：“天下大乱，连小鸟也不能相容了，何况是我们人呢？”刘君良就和哥哥分了家产。过了一个多月，刘君良在暗地里知道了妻子的诡计，就把妻子赶走，说：“你破坏了我的家。”然后把兄弟叫来了，哭着告诉他们真相，于是还是一起居住。城里的人都依附他们家，大家筑了城堡，叫做义成堡。

liù shí sì　sì lì zì chuí
六十四　嗣立自捶

【原评】李文耕谓："韦母之虐前子，以非己所生耳。然母子之天固在也，延构认真同气之爱，恳切缠绵，母之介介(介介：不能忘怀)者，遂无所用。延构之感其母，谓动之以天可也。要之(要之：总之)骨肉之间，除自责外，亦更无别法矣。"

táng wéi sì lì zì yán gòu yǔ qí xiōng chéng qìng yì mǔ
【原文】唐韦嗣立，字延构，与其兄承庆异母。
xìng yǒu tì mǔ měi chī chéng qìng sì lì zhé jiě yī qiú dài mǔ
性友悌，母每笞承庆，嗣立辄解衣求代。母
bù tīng jí qiǎn nú zì chuí mǔ wèi gǎn wù rén bǐ zhī wèi jìn
不听，即遣奴自捶①，母为感悟。人比之为晋
shí wáng lǎn yān jí sì lì wéi lái wú lìng tài hòu zhào jiàn yuē
时王览焉②。及嗣立为莱芜令，太后召见曰：
qīng fù cháng yán yǒu liǎng ér kān shì bì xià qīng xiōng dì zài guān
“卿父常言有两儿堪事陛下，卿兄弟在官，
chéng rú qīng fù yán zhèn yǐ qīng dài xiōng gèng bú yòng tā rén jí
诚如卿父言。朕以卿代兄，更不用他人。”即
rì bài fèng gé shě rén
日拜凤阁舍人③。

【注释】①**捶**：打。②**王览**：见初集悌篇《王览争酖》。**即日**：当日。**拜**：授予官职。③**凤阁**：中书省。**舍人**：掌管传宣诏命的官。

【译文】唐代的韦嗣立，表字叫延构，和他哥哥韦承庆是不同的母亲所生。韦嗣立天性友爱，每当他母亲打韦承庆的时候，他就会解开衣服，请求自己代哥哥挨打。母亲不听，他就叫奴婢来打自己，他母亲因此觉悟了。人们把他比作晋代的王览。等到韦嗣立做了莱芜县令，太后召见了他，说：“你父亲经常说他有两个儿子能为皇上做事，你们两兄弟现在做了官，的确跟你父亲说的一样。朕现在让你代你哥哥的官职，不再用其他人了。”当天就授予他凤阁舍人的官。

liù shí wǔ　cuī miǎn cí ài

六十五　崔沔慈爱

【原评】李文耕谓："事亲之道，不在志上体贴，便都成皮肤事。盖老年人有多少说不出苦恼，有多少说不尽心事，为子者不能体其志之所欲然，而会其情之所必至，使之愉怡和平，忘苦释虑，何贵乎有子哉？"

táng cuī miǎn yǒu zhì xìng mǔ shī míng bù tuō yī ér shì zhě
【原文】唐崔沔有至性，母失明，不脱衣而侍者
sān shí nián dāng měi jǐng liáng chén bì fú chí yàn xiào lìng mǔ wàng
三十年。当美景良辰，必扶持宴笑①，令母忘
qí kǔ mǔ zú ài xiōng zǐ jī yú mǔ cí shēng zhí shèn yú zǐ
其苦。母卒，爱兄姊几于母，慈甥侄甚于子。
suǒ dé fèng xī yǐ fēn huì yuē fēng mù jì bēi wú yóu
所得俸，悉以分惠②，曰：“风木既悲③，无由
zhǎn wǒ xiào sī jì qīn suǒ chuí niàn zhě wéi cǐ sì wǔ rén wú
展我孝思。计亲所垂念者，惟此四五人，吾
hòu dài zhī shù jiǔ quán shāo wèi yě hòu guān zhì zhōng shū shì
厚待之，庶九泉稍慰也④。”后官至中书侍
láng zǐ yòu fǔ fù wéi xián xiàng
郎⑤。子祐甫，复为贤相。

【注释】①**宴笑**：宴饮欢笑。②**分惠**：分得利益。③**风木**：比喻父母去世，来不及奉养。④**庶**：希望。⑤**中书侍郎**：官职等于宰相。

【译文】唐代的崔沔有很好的品性，他母亲眼睛瞎了，崔沔就连衣服也不脱地侍奉了三十年。每当天气晴好、景色优美的时候，他一定会扶着母亲，一起喝酒，一起聊天说笑，让母亲忘记痛苦。后来他母亲去世了，他就把哥哥姐姐当成母亲一样敬爱，对外甥侄子比对自己的儿子还爱护。他所得的俸禄，都分给他们了。他说：“既然父母都走了，没有地方可以尽我的一点孝心。算算父母所牵挂的人，也就只是这四五个人了，我如果待他们好，希望可以稍稍安慰九泉之下的父母。”后来崔沔做官做到了中书侍郎。他儿子叫崔祐甫，也是一个贤良的宰相。

liù shí liù　dé xiù rǔ gū
六十六　德秀乳孤

【原评】李文耕曰："哀遗孤而遂有乳，至诚之所感，殊不可以常情测。"许止净谓："德秀刺血写经以尽孝，为贫而仕以成慈。至见其眉宇，能使人名利心都尽，可见粹面盎背(粹：纯净。盎：丰厚，充盈)气象，宜天下高其行而不名也。"

【原文】唐元德秀，字紫芝。少孤，事母孝，母亡庐墓。兄嫂亡，遗孤期月[①]。德秀昼夜哀号，抱其子，而以己乳含之。涉旬日[②]，乳湩流[③]，至其子能自食时，乳湩乃止。天宝中[④]，任鲁山令。天下重其行，称曰元鲁山。房琯每见德秀[⑤]，叹曰："见紫芝眉宇[⑥]，使人名利之心都尽。"卒谥文行先生[⑦]。

táng yuán dé xiù zì zǐ zhī shào gū shì mǔ xiào mǔ wáng lú mù xiōng sǎo wáng yí gū jī yuè dé xiù zhòu yè āi háo bào qí zǐ ér yǐ jǐ rǔ hán zhī shè xún rì rǔ dòng liú zhì qí zǐ néng zì shí shí rǔ dòng nǎi zhǐ tiān bǎo zhōng rèn lǔ shān lìng tiān xià chóng qí xíng chèng yuē yuán lǔ shān fáng guǎn měi jiàn dé xiù tàn yuē jiàn zǐ zhī méi yǔ shǐ rén míng lì zhī xīn dū jìn zú shì wén xíng xiān shēng

【注释】①**期月**：周年。②**涉**：经过。③**湩**：乳汁。④**天宝**：唐玄宗年号。⑤**琯**：房琯是当时的宰相。⑥**眉宇**：眉额之间。⑦**谥**：帝王、大官或名流文士死后评给的称号。

【译文】唐代的元德秀，表字叫紫芝。他从小就失去了父亲，侍奉母亲非常孝顺，母亲去世之后他就在坟墓旁边搭茅屋住，守护坟墓。后来他哥哥嫂子都去世了，留下了一个才满周岁的侄子。元德秀日夜都悲哀地号哭，抱着侄子，拿自己的乳头给他含着。过了十天时间，他的乳头里流出了乳汁，等到侄子能够自己吃饭的时候，乳汁才没有了。唐玄宗天宝年间，他做了鲁山县令。天下的人都敬重他的品行，称他做元鲁山。当时的宰相房琯每次看见元德秀，都感叹说："一看到紫芝的眉宇，让人争名夺利的心都没有了。"元德秀死后的谥号叫文行先生。

liù shí qī　dù yǎn bì jiàn

六十七　杜衍避剑

【原评】李文耕曰："祁公遭历艰危，天玉成之，而将降以大任者也，然亦殆极矣，非祁公其孰承之。世人小有忤(忤：音wǔ，不顺从)，辄藏怒宿怨，思藉手一快意，以此遇恒人且不可，况骨肉乎？然君子固有以知其所成就树立矣。"

sòng dù yǎn zì shì chāng mǔ gǎi shì qián shì nián shí wǔ

【原文】宋杜衍，字世昌。母改适钱氏。年十五，

èr xiōng yù zhī wú zhuàng zhì yǐn jiàn kǎn zhī shāng nǎo chū xuè shù

二兄遇之无状①，至引剑砍之。伤脑，出血数

shēng qí gū nì zhī jǐn dé miǎn nǎi yì qí mǔ jì fù bù

升，其姑匿之，仅得免②。乃诣其母，继父不

róng wǎng lái mèng luò jiān fù mín xiàng lǐ shì qí zhī qì yǐ

容，往来孟、洛间③。富民相里氏奇之④，妻以

nǚ yóu shì zī yòng shāo jǐ jǔ jìn shì nǎi fēng qí guó gōng zhǎng

女，由是资用稍给。举进士，乃封祁国公。长

xiōng yóu cún dài yù shèn yǒu ēn lǐ èr xiōng jí qián shì zǐ sūn

兄犹存，待遇甚有恩礼。二兄及钱氏子孙，

shòu qí yīn bǔ zhě shù rén

受其荫补者数人⑤。

【注释】①**遇**：对待。**无状**：无理，无礼。②**仅**：才。③**孟、洛**：都是河南地名。④**相里**：姓。⑤**荫补**：因先人功德而补授官职。

【译文】宋代的杜衍，表字叫世昌。他母亲改嫁到一个姓钱的人家里。他十五岁的时候，两个哥哥对他很不好，还用剑砍他，伤到了脑子，流了好几升的血，他姑姑把他藏起来，他才躲过一劫。于是他就到了母亲那里，但继父又不许他留下，他就在孟、洛这一带地方流浪。有个姓相里的富人看中了他，把女儿嫁给了他，从此他的生活才稍稍宽裕起来。后来他中了进士，又被封做祁国公。当时他大哥还在世，他对大哥很有恩情礼貌。他两个哥哥和钱家的子孙，有几个因为他而被补授了官职。

liù shí bā jiǔ sī liú dì

六十八 九思留弟

【原评】曹桂妻杜氏，以己女讬乳于族母，九思则以己子寄乳于田妇。且杜氏不哺其夫弟，则曹祀绝，而九思则其弟甚多，乡人求之，父母欲许之矣，乃竟命其妻易乳以留之，宜九渊之事兄嫂如父母焉。

sòng lù jiǔ sī zì zǐ jiāng jǔ jìn shì qí yòu dì jiǔ
【原文】宋陆九思，字子疆，举进士①。其幼弟九
yuān zhī shǐ shēng yě xiāng rén yǒu qiú bào yǎng wèi zǐ zhě fù mǔ yǐ
渊之始生也，乡人有求抱养为子者，父母以
zǐ duō yù xǔ zhī zǐ jiāng lì yǐ wéi bù kě shì nián zǐ jiāng
子多，欲许之，子疆力以为不可。是年，子疆
shì shēng zǐ huàn zhī nǎi wèi qí qī yuē wǒ zǐ fù tián fù rǔ
适生子涣之，乃谓其妻曰："我子付田妇乳
zhī ěr kě rǔ xiǎo shū qí qī xīn rán cóng zhī jiǔ yuān jì
之，尔可乳小叔。"其妻忻然从之②。九渊既
zhǎng shì xiōng sǎo rú shì fù mǔ jí shǒu jīng mén cháng wǎng yíng zhī
长，事兄嫂如事父母。及守荆门，尝往迎之
yǐ shì fèng yān
以侍奉焉。

【注释】①举：考取。②忻：同"欣"，高兴。

【译文】宋代的陆九思，表字叫子疆，后来中了进士的。他最小的弟弟陆九渊刚出生的时候，乡里有人想抱养他做养子，他的父母因为儿子很多，打算答应他们，但陆子疆尽力阻止，认为这样做不可以。那一年，陆子疆恰好也生了一个儿子，叫陆涣之，他就跟妻子说："我们的儿子就托给农家妇女哺乳吧，你可给小叔哺乳。"他妻子欣然接受了。等陆九渊长大了，侍奉哥哥嫂子就像侍奉父母一样。他在荆门做官时，就去把哥哥嫂子接过来侍奉。

liù shí jiǔ　　dé guī dài bì

六十九　德珪代毙

【原评】庐父母墓者宜矣，庐兄墓者似乎过情。庐墓而禽鸟献瑞者多矣，庐墓而乌鸟闻其悲号，皆翔集不食，千古一人而已。然德珪乃代德璋之死者也，是德璋庐其墓，不为过矣，德珪至性，德璋亦至情也。

sòng zhèng dé guī yǔ dì dé zhāng yǒu ài xìng chéng dé zhāng
【原文】宋郑德珪，与弟德璋，友爱性成。德璋
wéi chóu jiā xiàn yǐ sǐ zuì huì dǎi yáng zhōu dé guī āi dì bèi
为仇家陷以死罪，会逮扬州①，德珪哀弟被
wū yáng wèi yuē wǒ wǎng zé jiān zhuàng bái jí zhì xíng dé
诬，佯谓曰："我往则奸状白②。"即治行③，德
zhāng zhuī zhī dào zhōng xiāng chí dùn zú zhēng jiù sǐ dé guī yè
璋追之，道中相持顿足④，争就死⑤。德珪夜
bàn yì qù dé zhāng fù zhuī zhì guǎng líng zé dé guī yǐ bì yú
半逸去，德璋复追至广陵，则德珪已毙于
yù dé zhāng tòng jué shù sì fù gú guī zàng lú mù měi yī
狱。德璋恸绝数四⑥，负骨归葬，庐墓。每一
bēi hào wū niǎo jiē xiáng jí bù shí
悲号，乌鸟皆翔集不食⑦。

【注释】①**会逮**：依据文书接受逮捕。②**白**：清楚。③**治行**：整理行李。④**顿足**：脚跺地，形容情绪激动、悲伤或着急。⑤**就**：近。⑥**数四**：再三再四，多次。⑦**翔集**：鸟回旋着飞，集中在一起。

【译文】宋代的郑德珪和弟弟郑德璋非常友爱。郑德璋被仇家诬陷犯死罪，要被捉到扬州去，郑德珪可怜弟弟遭人陷害，就假装跟弟弟说："如果是我去，那这件事就会清楚了。"马上收拾了行李就要走，郑德璋就追了上去，两人在半路上抱住了跺着脚，争着去送死。郑德珪在半夜逃走了，郑德璋又追到了扬州，可是郑德珪已经死在监狱里了。郑德璋痛哭了好多次，背着尸首回去安葬了，在坟墓旁边搭了茅屋住，守护坟墓。每次他悲痛地号哭的时候，那些乌鸟都在空中回旋，聚集起来，不去找食物了。

七十　扈铎祈斗

qī shí　hù duó qí dǒu

【原评】周公兄疾,告三王,愿以己身代之,而兄瘳。卜胜荣兄病,礼北辰,乞减己年延之,而兄痊。扈铎且愿以己身代其弟,元代去周已远,而竟有卜扈二人,效法周公,谓非宋儒学说,深入人心,所涵者厚耶。

【原文】元扈铎早孤，育于伯父。及壮，事伯父如所生。伯父年老而无子，铎为买妾，产一女。妾不慧，熟寐压女死。伯父卒，妾遗腹生一男。铎惩前失[1]，尝自抱哺，同其卧起。弟偶有疾，铎乃于夜间稽颡星斗[2]，哀祷曰：“铎父子间可去一人，勿丧我弟，使伯父无后。”明旦，弟愈。

【注释】①**惩**：警戒。②**稽颡**：古代的一种跪拜礼，屈膝跪拜，额头碰到地上，表示极度虔诚。

【译文】元代的扈铎，从小就没有了父亲，是由伯父养大的。等他长大了，他侍奉伯父就像侍奉父亲一样。伯父年纪老了，没有儿子，扈铎就给伯父买了一个妾，果然生了一个女儿。但那个妾生性笨拙，睡熟了的时候把女儿压死了。后来伯父去世了，妾生了一个遗腹儿子。扈铎有了之前那次过失的警戒，就自己抱着他喂养，跟他一起睡一起起床。这个弟弟偶然生病，扈铎就在夜里叩拜星斗，伤心地祈祷说：“我们父子里面可以死掉一个，但不要让我弟弟死，使我伯父断绝了后代。”第二天天亮的时候，他弟弟的病就好了。

qī shí yī zhèng shí zhēng yù

七十一　郑湜争狱

【原评】李文耕曰:“按惟庸之狱,株连者多不免,诬及郑氏,危矣。乃湜濂弟兄,争任罪不少避,岂非知有骨肉而不知有祸患哉?世之弟兄,于小利害,遂私意避就,抑独何也。”

míng zhèng shí lián zhī dì yě qí jiā shí shì bú yì cuàn
【原文】明郑湜，濂之弟也，其家十世不异爨。
bèi rén wàng jié wèi qí jiā yǔ hú wéi yōng jiāo tōng shí xiōng dì
被人妄讦[①]，谓其家与胡惟庸交通。湜兄弟
liù rén shí dú yì lì qǐng xíng lián xiān zài jīng shí zhì lián yíng
六人，湜独诣吏请行。濂先在京，湜至，濂迎
wèi yuē wú jiā cháng dāng rèn zuì shí yuē xiōng lǎo wú dāng
谓曰："吾家长，当任罪。"湜曰："兄老，吾当
fú gū èr rén zhēng fù yù tài zǔ wén zhī yuē wǒ zhī zhèng
服辜[②]。"二人争赴狱。太祖闻之曰："我知郑
mén wú shì rén wū zhī ěr jù zhào rù láo ér yòu zhī zhào
门无是，人诬之耳。"俱召入，劳而宥之[③]，诏
cì jiǔ shí zhuó shí wéi fú jiàn cān yì
赐酒食，擢湜为福建参议[④]。

【注释】①**讦**：揭发、攻击别人。②**辜**：罪。③**宥**：宽恕。④**擢**：提拔。

【译文】明代的郑湜，是郑濂的弟弟，他们家没有分居，这样已经延续了十代人了。后来他们被人诬陷，说他们家跟胡惟庸有来往。郑湜有六个兄弟，只有郑湜自己到衙门去，请求被逮捕。当时郑濂原本住在京城，郑湜被押送过来了，郑濂去迎接他，说："我是一家之长，应该是我去顶罪。"郑湜说："哥哥年纪老了，还是应当让我去服罪。"两人就争着去坐监狱。明太祖听说了这件事，说："我知道郑家不会做这种事的，别人诬陷的罢了。"就把他们都召过来，慰劳他们，给免了罪，还赐给他们酒食，提拔郑湜做福建参议的官。

qī shí èr　　huáng xǐ xún xiōng
七十二　黄玺寻兄

【原评】万里寻亲者，且不多觏(觏：音gòu，遇见)，况万里寻兄乎？梦中所得之诗，幸遇人而示其地。伞柄所镌之字，因入厕而现于途。其兄却于此时经过其地，不先不后。种种适逢其会，巧合机缘，间不容发，谓非神明提挈(提挈：帮助)乎？

míng huáng xǐ xiōng bó zhèn shāng shí nián bù guī xǐ qiú zhī
【原文】明黄玺兄伯震，商十年不归。玺求之，
xíng wàn lǐ bù dé dǎo nán yuè miào mèng shén shòu yǐ chán mián dào
行万里不得。祷南岳庙，梦神授以“缠绵盗
zéi jì láng bèi jiāng hàn háng èr jù yī shū shēng yuē cǐ dù
贼际，狼狈江汉行”二句。一书生曰：“此杜
fǔ chōng líng xíng shī yě chōng líng jí jīn dào zhōu hé xún
甫《舂陵行》诗也[1]。舂陵即今道州，盍寻
zhī cóng qí yán yī rì rù cè zhì sǎn dào páng bó zhèn guò
之[2]？”从其言。一日入厕，置伞道旁。伯震过
zhī yuē wú xiāng sǎn yě shì qí bǐng yǒu yú yáo huáng xǐ
之，曰：“吾乡伞也。”视其柄，有“余姚黄玺”
zì fāng yí hài xǐ chū wèn xùn zé xiōng yě
字。方疑骇，玺出问讯，则兄也。

【注释】①**《舂陵行》**：指杜甫的《同元使君舂陵行》这首诗。②**盍**：何不。

【译文】明代的黄玺，哥哥叫黄伯震，去外面做生意，有十年都没有回家。黄玺就去找他，走了有一万里路还是找不到。黄玺就到南岳庙里祈祷，梦到一个神仙给了他两句诗：“缠绵盗贼际，狼狈江汉行。”一个读书人说：“这是杜甫的一首叫《舂陵行》诗。舂陵就是现在的道州地方，你何不去那边找找呢？”黄玺就听从了他的话。有一天他去上厕所，把伞放在了路边。刚好黄伯震经过那里，说：“这是我家乡的伞子。”看看伞柄，写着“余姚黄玺”几个字。黄伯震正在疑惑惊骇的时候，黄玺从厕所里出来了，看见这种情形，就问其姓名，才发现正是自己的哥哥。

qī shí sān　　jì jiāng yōng mù

七十三　季姜雍穆

【原评】季姜幼读诗书，其雍穆(雍穆：和睦)固无论矣。而其敬长之道，尤可称焉。敬伯堂祖母性严，子孙虽见官二千石，犹杖之，妇跪受罚于堂。历五郡，祖母随之官。后以年老，不愿远乡里，季姜亦尝侍养左右焉。

hàn wáng jìng bó qī wén jì jiāng qián qī yǒu zǐ bó nǚ
【原文】汉王敬伯妻文季姜，前妻有子博，女
jì liú jì jiāng yǒu zǐ kāng zhì zhī nǚ shǐ shì qián hòu
纪、流，季姜有子康、稚、芝，女始、示，前后
bā zǐ fǔ yù ēn ài qīn jì ruò yī jià jì liú fēn jǐ
八子，抚育恩爱，亲继若一。嫁纪、流，分己
bì jǐ zhī bó hào xiě shū jiāng shǒu wéi zuò biǎo zhì bó qī yáng
婢给之。博好写书，姜手为作表袠①。博妻杨
jìn jí bó zǐ zūn qī zhāng shū jì fú gū zhī jiào jiē xián hào
进及博子遵妻张叔纪，服姑之教，皆贤。号
sān mǔ táng jì jiāng mìng kāng zhì zhī qī shì jìn rú gū nián bā
三母堂。季姜命康、稚之妻，事进如姑。年八
shí yī zú sì nán qì guān háng fú sì nǚ yì cóng guān shě jiāo
十一卒，四男弃官行服②，四女亦从官舍交
fù nèi wài guàn miǎn bǎi yǒu yú rén dāng shí róng zhī
赴，内外冠冕百有余人，当时荣之。

【注释】①**袠**：同“帙”，用布帛制成的书、画的封套。②**行服**：穿孝服。

【译文】汉代王敬伯的妻子叫文季姜，王敬伯的前妻生有儿子王博，女儿王纪、王流，文季姜自己生有儿子王康、王稚、王芝，女儿王始、王示，前后出生的这八个孩子，文季姜抚养疼爱他们，不管是不是亲生都一视同仁。把女儿王纪、王流嫁出去的时候，她把自己的婢女分给她们。王博喜欢写字，她就亲手给他做书套。王博的妻子杨进，和王博儿子王遵的妻子张叔纪，都服从婆婆的教训，都很贤惠。人们称他们是三母堂。文季姜叫儿子王康、王稚的妻子，侍奉杨进应该像侍奉婆婆一样。到八十一岁的时候，文季姜才去世，四个儿子都卸了官职，穿上丧服，四个女儿也都从衙门出发回来，内外戴着官帽的人有一百多个，当时的人们都觉得他们很荣耀。

qī shí sì　mù jiāng rén ài
七十四　穆姜仁爱

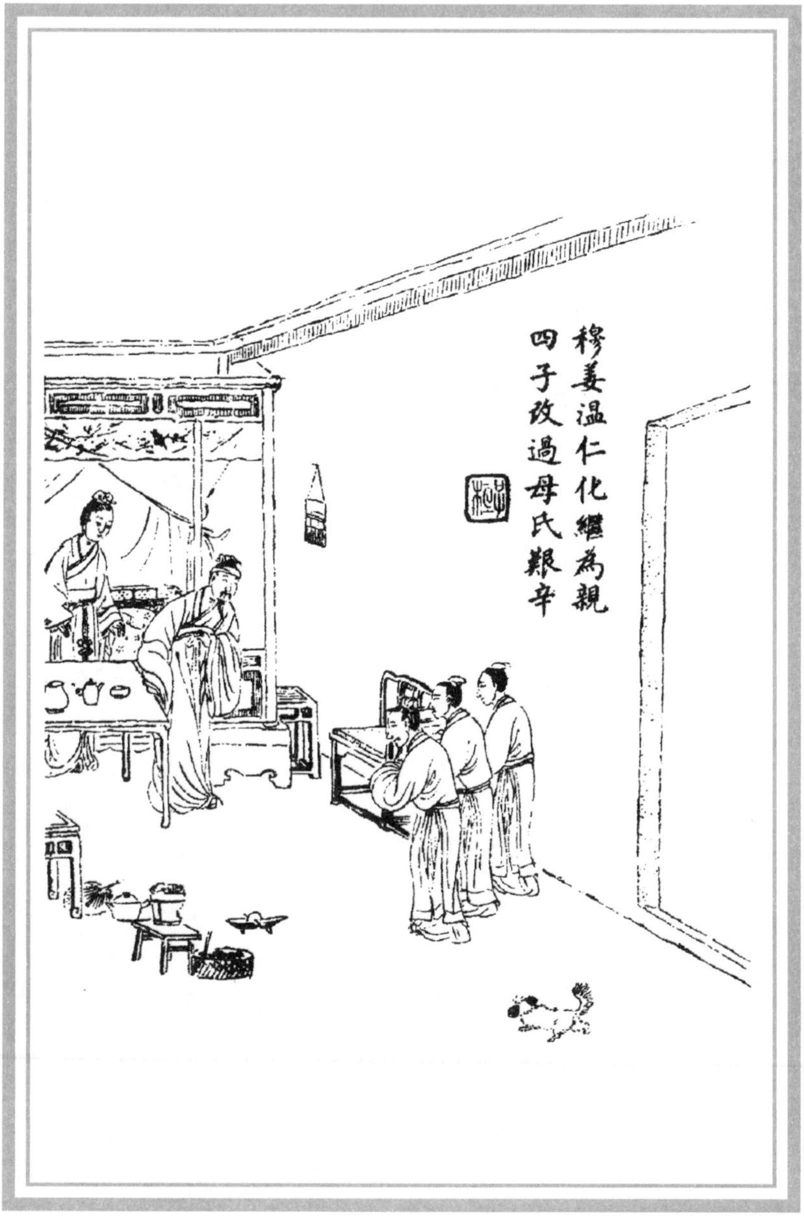

【原评】吕坤曰："世皆恨继母不慈，而宽于前子之不孝，皆偏见也。两不得，两有罪，要之礼责卑幼，则尊长无不回之天，故有闵损，不患衣芦之奸，有王祥，不患守柰(柰：音nài，苹果的一种)之虐。吾因穆姜慈，而有感于世之怨前子者。"

【原文】汉陈文矩妻李穆姜，早寡。有二男，而前妻四子，以母非所生，谤毁日积。穆姜衣食抚字[①]，皆倍所生。前妻长子兴疾笃，母亲调药膳，忧劳憔悴。兴瘳[②]，呼三弟谓曰："继母慈仁，出自天性。我兄弟禽兽其心，过恶深矣。"遂将三弟诣县，陈母之德，状己之罪，乞就刑。县言之郡，郡守表其母，四子许令自新，皆为良士。母八十余卒。

【注释】①**抚字**：抚养。②**瘳**：病愈。

【译文】汉代陈文矩的妻子李穆姜，年轻的时候丈夫就死了。她自己有两个儿子，丈夫的前妻有四个儿子，他们因为不是李穆姜亲生的，所以整天说她坏话。但李穆姜抚养他们，照顾他们的衣食，却都比对亲生儿子还好很多。有一次，前妻的大儿子陈兴病得很重，李穆姜亲自给他煎药调汤，很担心他，为他操劳，使得自己非常憔悴。陈兴病好了以后，他就叫了三个弟弟来，说："继母慈爱仁厚，是出自她的天性。而我们兄弟几个的心真是十分禽兽，罪过很深啊。"陈兴于是带着三个弟弟来到县衙，讲述继母的美德，说出自己的罪过，乞求受到刑罚。县官把这件事上报到郡里，郡守就表彰他们的继母，答应让那四个儿子改过自新。他们从此以后就变成了善良的读书人了。李穆姜到八十多岁的时候去世。

qī shí wǔ　tǒng zǐ zhù sù

七十五　统姊助粟

【原评】骆统姊之与私粟，因哀弟之减食日衰也，悌也。骆统姊之母之使分施，因骆统姊弟之慈心助济也，仁也，亦义也。同一事实，而两样心肠。要之姊弟虽为两家，而究同一气，谁谓从夫后，不必计及弟哉？

wú xīn yáng tíng hóu luò tǒng zì gōng xù kuài jī rén jùn
【原文】吴新阳亭侯骆统，字公绪，会稽人。俊
zhī zǐ yě shì dí mǔ shèn jǐn shí zhí jī huāng xiāng lǐ jí yuǎn
之子也，事嫡母甚谨。时值饥荒，乡里及远
fāng kè duō yǒu kùn fá tǒng wèi zhī yǐn shí shuāi shǎo qí zǐ rén
方客，多有困乏，统为之饮食衰少。其姊仁
ài yǒu xíng guǎ jū wú zǐ jiàn tǒng shèn āi zhī shuò wèn qí gù
爱有行，寡居无子，见统甚哀之，数问其故，
tǒng yuē shì dà fū zāo kāng bù zú wǒ hé xīn ér néng dú bǎo
统曰：“士大夫糟糠不足①，我何心而能独饱
hū zǐ yuē chéng rú shì hé bú gào wǒ ér zì kǔ ruò
乎？”姊曰：“诚如是②，何不告我，而自苦若
cǐ nǎi zì yǐ sī sù yǔ tǒng tǒng yī rì sǎn jìn zǐ yòu yǐ
此？”乃自以私粟与统，统一日散尽。姊又以
gào mǔ mǔ yì xián zhī suì shǐ fēn shī
告母，母亦贤之，遂使分施③。

【注释】①**糟糠**：酒渣、米糠等粗劣食物。②**诚**：如果。③**施**：给予。

【译文】三国时代吴国新阳亭侯骆统，表字叫公绪，是会稽人。他是骆俊庶出的儿子，但他侍奉嫡母十分恭敬。当时正好闹饥荒，乡村里和远方的客人很多都很困苦，骆统就给老人小孩送食物。他姐姐很仁厚慈爱，很有品行，守着寡，没有儿子，看见弟弟这样，就很可怜他，多次问他是什么原因，骆统说：“士大夫连酒渣米糠都不够吃，我怎么可以顾着自己吃饱呢？”姐姐说：“如果是这样，为什么不早告诉我，自己还像这样辛苦呢？”她就把自己的粮食给了骆统，骆统一天以内就分派出去了。他姐姐又去告诉母亲。母亲也觉得这件事很好，就让人继续去分派物资了。

七十六　郑曹葬嫡

qī shí liù　zhèng cáo zàng dí

【原评】赵姬下叔隗，晋国之悌史也。曹女让孙氏，晋朝之悌史也。其言孙氏元配，理当从葬，不可使孤魂无依，岂将来已之孤魂，可无依乎？且其于叔妹群弟，尽其礼节，舅姑姒娣，咸得欢心，其悌德尤足多焉。

jìn zhèng mào jì qī cáo shì lǔ guó xuē rén yě shì jiù gū

【原文】晋郑袤继妻曹氏，鲁国薛人也。事舅姑

shèn xiào gōng zì fǎng jī chōng fèng yǎng zhì yú shū mèi qún dì zhī

甚孝，躬自纺绩，充奉养。至于叔妹群弟之

jiān jìn qí lǐ jié dé gū sì zhī huān xīn jí mào guān sī kōng

间，尽其礼节，得姑姒之欢心①。及袤官司空②，

zǐ mò děng bìng xiǎn cáo shēn jù shéng mǎn shí wú chóng wèi yī

子默等并显，曹深惧盛满③，食无重味④，衣

bì huàn zhuó lù zhì bì bān sǎn qīn zú jiā wú yú zī mào

必浣濯⑤，禄秩必班散亲族⑥，家无余资。袤

yuán pèi sūn shì zǎo wáng yì lí yáng mào zú yì zhě féng cáo

元配孙氏早亡，瘗黎阳⑦。袤卒，议者逢曹

yì yù bù hé zàng cáo yuē yuán pèi cóng zàng lǐ yě bèi

意，欲不合葬。曹曰："元配从葬，礼也。"备

yí cóng yíng zhī zhí yàn háng lǐ cí sì hé zàng yān

仪从迎之，执雁行礼⑧，祠祀合葬焉⑨。

【注释】①**姒**：丈夫的嫂子。②**司空**：掌管工程的官。③**盛满**：骄傲自满。④**重味**：多种饭菜。⑤**浣濯**：洗过多次的衣服，旧衣服。⑥**禄秩**：俸禄。**班散**：分给。⑦**瘗**：埋葬。⑧**雁行**：兄弟。⑨**祠祀**：祭祀。

【译文】晋代郑袤的继妻曹氏，是鲁国薛人。她侍奉公公婆婆很孝顺，自己做纺织活儿，挣钱奉养公公婆婆。对待小叔、小姑和丈夫的堂弟等，都很尽礼节，所以婆婆和郑袤的嫂子都很喜欢她。等到郑袤做了司空的官，他儿子郑默几个也都有名声了，曹氏很怕他们家会变得骄奢，所以吃饭不会准备很多样，衣服也一定是反复洗了穿，俸禄也一定分给贫穷的亲族，家中并没有积蓄。郑袤的元配夫人孙氏早就去世了，葬在黎阳。郑袤去世之后，人们为了迎合曹氏，就想不让郑袤跟孙氏合葬。曹氏就说："元配合葬，是礼法规定的。"于是备了仪仗和随从去把孙氏的棺木迎接过来，向孙氏行姐妹的礼节，给她祭祀，然后把郑袤和孙氏合葬了。

qī shí qī wáng shùn yù mèi

七十七 王舜育妹

【原评】以七岁女子，上无父母，终鲜兄弟，而抚育五岁二岁之二妹，寄食亲戚，孤苦伶仃，竟得长大，同复父仇，其操心也危矣，其虑患也深矣。姊妹三人，争为谋首，千古下犹为嘉叹不已，岂特文帝嘉叹已哉？

běi qí wáng shùn nián qī suì qí fù zǐ chūn wéi zòng xiōng cháng
【原文】北齐王舜年七岁，其父子春为从兄长
xīn fū qī suǒ shā yǒu èr mèi càn wǔ suì fán èr suì jì shí
忻夫妻所杀。有二妹，粲五岁，璠二岁，寄食
qīn qī shùn fǔ yù zhī ēn yì shèn dǔ jì cháng bú jià mì wèi
亲戚，舜抚育之，恩义甚笃。既长不嫁，密谓
èr mèi yuē jiā wú xiōng dì wǒ zǐ mèi bú fù fù chóu shuí fù
二妹曰：“家无兄弟，我姊妹不复父仇，谁复
fù chóu zhě èr mèi jiē qì yuē wéi zǐ suǒ mìng yè zhōng
父仇者？”二妹皆泣曰：“唯姊所命。”夜中，
zǐ mèi gè chí dāo yú qiáng rù shǒu shā cháng xīn fū fù yǐ gào
姊妹各持刀，逾墙入①，手杀长忻夫妇，以告
fù mù yīn yì xiàn qǐng zuì zǐ mèi zhēng wéi móu shǒu xiàn bù néng
父墓。因诣县请罪，姊妹争为谋首。县不能
jué wén yú cháo suí wén dì zhào tè yuán zhī
决，闻于朝，隋文帝诏特原之②。

【注释】①**逾**：过。②**原**：宽恕，赦免。

【译文】北朝北齐的王舜七岁的时候，她父亲王子春被堂哥王长忻两夫妻杀死了。她有两个妹妹，王粲五岁，王璠两岁，她们都寄养在亲戚家，王舜抚养着妹妹，恩义很深厚。等她长大了，她不愿出嫁，偷偷跟两个妹妹说：“我们家没有兄弟，如果我们三姐妹不为父亲报仇，那谁去报仇呢？”两个妹妹就都哭着说：“我们听姐姐的吩咐。”到了夜里，三姐妹每人拿着刀，翻过墙进了王长忻家，把他们两夫妻杀了，然后到父亲的墓前禀告这件事。随后她们到了县衙去请求治罪，姐妹争着认自己是主犯。县官没办法裁决，就上报给朝廷，隋文帝下诏特赦了她们。

qī shí bā jìng nǚ dài jià

七十八 敬女代嫁

【原评】崔敬小女之代姊出嫁，非特解其姊之为难，且救父之死，止母之哭焉。尽其悌，兼以尽其孝耳，不然，女无父母之命，岂可自荐乎？守经达权（守经达权：坚持原则而能变通），君子之行也。嫂溺不援，犹豺狼也。父死不救，较豺狼更甚矣。

táng jì zhōu zhǎng shǐ jí mào yù wèi zǐ xū qǔ nán gōng xiàn
【原文】唐冀州长史吉懋，欲为子项娶南宫县
chéng cuī jìng zhǎng nǚ jìng bù xǔ xié yǐ shì jù ér xǔ yān zé
丞崔敬长女，敬不许，胁以事，惧而许焉。择
rì xià hán qī zhèng shì bù zhī yě jí huā chē zhì zhèng shǐ zhī
日下函，妻郑氏不知也。及花车至，郑始知
zhī bào zhǎng nǚ dà kū zhǎng nǚ yì jiān wò bù qǐ jìng wú yǐ
之，抱长女大哭，长女亦坚卧不起。敬无以
wéi jì yù zì jìn qí xiǎo nǚ bái qí mǔ yuē fù yǒu jí
为计，欲自尽。其小女白其母曰："父有急，
yìng shā shēn jiù jiě shè lìng wéi bì shàng bù hé cí kuàng jí
应杀身救解，设令为婢①，尚不合辞②。况吉
yì wàng zú hé zú wéi chǐ zǐ ruò bù kěn ér qǐng dāng zhī
亦望族③，何足为耻？姊若不肯，儿请当之。"
suì dēng chē ér qù hòu xū guān pián zhāng shì
遂登车而去，后项官平章事④。

【注释】①**设令**：即使。②**合**：应该。③**望族**：有名望、有地位的家族。④**平章事**：等于宰相的官职。

【译文】唐代一个冀州长史叫吉懋，想给儿子吉项娶南宫县丞崔敬的大女儿，崔敬不答应，吉懋就武力威胁他，崔敬因为害怕，还是答应了婚事。等选好日子下聘礼的时候，崔敬的妻子郑氏还不知道这件事。等到迎亲的花车来了，郑氏才知道，就抱着大女儿大哭。大女儿也躺在床上，坚决不起来。崔敬没有办法，就想自杀了。这时小女儿跟她母亲说："父亲有急难，应该牺牲自己去解救父亲，就算是去做婢女，也不应该推辞。更何况吉家也是有名望地位的家，又怎么会感到羞耻呢？姐姐如果不肯去，我请求代她去。"于是就坐上了花车走了。后来吉项的官做到了平章事。

qī shí jiǔ hán zhèng jū shū
七十九 韩郑鞠叔

【原评】刘开曰："嫂之服期也，自退之始。叔之不为服，以远嫌也。晬而亡天，嫂鞠之成，虽嫂也，实母也，何嫌之有？无于礼者之礼也，韩愈有焉。颂曰：'万里丧归，风霜备历。困苦饥寒，抚孤及叔。叔为大儒，夫人之力。'"

【原文】唐韩会妻郑氏，愈之嫂也。愈生甫晬[①]，失怙恃[②]，郑鞠之[③]，念寒而衣，念饥而食，劬劳闵闵也[④]。愈未齿[⑤]，从兄官泰州。兄坐谤，迁韶州以卒，去故乡万里，幼孤匍匐不能归[⑥]。郑拮据备至[⑦]，竟以丧返葬。尝抚其子，指愈而泣曰："韩氏两世独此耳。"流涕滂沱[⑧]，若不自胜。诲导愈，勖之成立[⑨]。后为大儒，嫂之力也。及卒，愈哭之，绝而后苏[⑩]。

【注释】①**晬**：婴儿满一百天或一周岁。②**怙恃**：依靠，指代父母。③**鞠**：养育。④**劬**：劳苦。**闵闵**：小心忧愁的样子。⑤**未齿**：未成年。⑥**匍匐**：爬行。⑦**拮据**：艰难困顿。⑧**滂沱**：形容眼泪流得多。⑨**勖**：勉励。⑩**绝**：晕倒。

【译文】唐代韩会的妻子郑氏，是韩愈的嫂子。韩愈生下来才满周岁，父母就去世了，于是郑氏就抚养他，天冷了给他加衣服，肚子饿了喂他吃东西，很小心也很辛苦地照顾他。韩愈还很小的时候，哥哥到泰州做官，他跟着去。哥哥遭人诽谤，被贬到韶州，最后死了。那里离故乡有万里远，孤儿还那么小，没法回去。郑氏此时非常艰难困顿，但最后还是把丈夫的遗体运回家乡安葬了。她曾抚摸着自己的儿子，又指着韩愈，哭着说："韩家两代人只剩下你们了。"眼泪就像下雨一样落了下来，真有说不出的难过。她教导韩愈，勉励他上进。韩愈后来成了大文豪，都是嫂子的功劳。等到嫂子死了，韩愈大哭，晕了过去，后来才醒过来。

bā shí wáng wú cí ài

八十　王吴慈爱

【原评】王吴氏之厚于前妻子，拟之孟阳氏、李穆姜、文季姜，有过之无不及。且遇前子之鳌妇异诸妇，待前子之母族如己族，甚且嫁三从姑之女如己女，其善处于嫡继姑嫂之间，殊令人心服焉。

sòng lín jiāng jūn pàn guān wáng yì jì qī wú shì fǔ zhōu jīn
【原文】宋临江军判官王益继妻吴氏[1]，抚州金

xī rén hào xué qiáng jì ér xún xún zì xià yú shì wèi cháng
溪人。好学强记[2]，而恂恂自下[3]，于事未尝

yǒu suǒ zhuān yì shēng qī zǐ bó yǔ zhòng yuán pèi xú chū yě
有所专。益生七子，伯与仲[4]，元配徐出也，

ài zhī shèn yú jǐ zǐ èr zǐ zú yù qí lí fù yì zhū fù
爱之甚于己子。二子卒，遇其嫠妇异诸妇[5]，

chù nèi wài qīn qī shèn ēn yǒu chán shàn zhì zhī wèi huò cáng nù
处内外亲戚甚恩。有谗讪[6]，置之，未或藏怒

yě zì fèng yǎng wèi cháng zé yī shí ér rén yǐ qióng kùn lái guī
也[7]。自奉养，未尝择衣食。而人以穷困来归

zhě fēn yī shí zhōu zhī jià sān cóng gū nǚ rú jǐ nǚ dài qián
者，分衣食周之[8]。嫁三从姑女如己女，待前

zǐ zhī mǔ zú rú jǐ zú xiāng dǎng chēng yān
子之母族如己族。乡党称焉。

【注释】①军：宋代的行政区划之一。②强记：记忆力强。③恂恂：温顺恭敬。④伯：兄弟排行第一。仲：兄弟排行第二。⑤遇：对待。嫠：寡妇。⑥谗：说别人坏话。讪：诽谤。⑦未或：没有。⑧周：接济。

【译文】宋代临江军判官王益的继妻吴氏，是抚州金溪人。喜欢读书，记忆力强，对人很温顺恭敬，处理事情从来不会专断。王益有七个儿子，最大和第二大的儿子是元配徐氏生，吴氏对他们比对亲生儿子还慈爱。这两个儿子死了，她对待两个寡妇比对待自己的其他媳妇更好，对待内外的亲戚都有深厚的恩义。有人诽谤她，她也不理，也不会暗地里生气。她自己的生活，对衣服食物，从来不会挑三拣四。有穷苦的人来依靠他们家，她都会分给他们衣服食物，接济他们。把三个堂侄女嫁出去的时候，像嫁自己的女儿一样，对待丈夫元配的娘家像对自己娘家一样。乡邻和亲戚都很称赞她。

bā shí yī　　chén wáng táng qián
八十一　陈王堂前

【原评】郭燮熙曰："陈堂前王氏，一节妇耳。以干家有法，而家日裕。不惟奉舅姑孝，并厚遇小姑，以及其甥，且及于甥之子，其他亲属，受惠者众。虽曰家裕使然，而亲亲仁民，乐善不倦，又奚(奚：疑问代词，何)可及哉？"

sòng chén ān jié qī wáng shì xiào yǎng jiù gū fǔ gū xù zú
【原文】宋陈安节妻王氏，孝养舅姑，抚孤恤族①，
xiāng rén jìng zhī hū yuē táng qián chū guī chén shì shí xiǎo gū
乡人敬之，呼曰堂前②。初，归陈氏时，小姑
shàng yòu táng qián jū yù zhī jí jī hòu jià zhī jiù gū mò
尚幼，堂前鞠育之。及笄，厚嫁之。舅姑殁，
xiǎo gū qiú fēn cái jìn chū shì zhōng suǒ yǒu wèi zhī xiǎo gū suǒ dé
小姑求分财，尽出室中所有遗之。小姑所得
cái wéi qí fū suǒ jìn yòu mǎi tián zhái fǔ qí shēng jiào zhī shēng
财，为其夫所尽，又买田宅抚其甥，教之。甥
zú yòu fǔ jiào qí zǐ qí tā qīn shǔ pín bù néng cún zhě jiào
卒，又抚教其子。其他亲属，贫不能存者，教
yǎng hūn jià zhì sān sì shí rén zǐ sūn zūn yí xùn wǔ shì tóng
养婚嫁，至三四十人。子孙遵遗训，五世同
jū yǐ xiào yǒu zhù qián dào zhōng biǎo mén
居，以孝友著。乾道中③，表门。

【注释】①**恤**：救济。②**堂前**：母亲。③**乾道**：宋孝宗年号。

【译文】宋代陈安节的妻子王氏，侍奉公公婆婆很孝顺，抚养孤儿，救济亲族，乡里人都很敬重她，称呼她为“堂前”。当初她嫁到陈家的时候，小姑还很小，她抚养小姑。等到小姑成年了，就很隆重地把她嫁出去。公公婆婆去世了，小姑回家要求分家产，王氏就把家里所有东西都给了她。小姑拿到的这些财物，最后被她丈夫花光了，王氏又买了田地屋子抚养外甥，教导他。外甥死了，她又抚养教导外甥的儿子。至于其他的亲属，有人很穷，以至无法生存，王氏就教养他们，为他们安排婚事，一共帮了三四十个人。她的子孙遵守她的遗训，五代同居，都以孝顺友爱出名。宋孝宗乾道年间，朝廷表彰了他家门庭。

bā shí èr zhāng sǎo ràng ér

八十二　章嫂让儿

【原评】吕坤曰："世俗兄弟可笑也，借马而饥渴在怀，借衣而揉涴(涴：音wò，弄脏)是嘱。况乏嗣始得之儿，分以与弟，无德色，无吝心，顾不难哉？要之嫂氏之贤，不可及矣。割肉相与，虽舅姑难强之从，况意不出于夫子耶？"

sòng chāng huà zhāng shì xiōng dì èr rén jiē wèi yǒu zǐ xiōng
【原文】宋昌化章氏，兄弟二人，皆未有子。兄
xiān bào zú rén zǐ yù zhī wèi jī qí qī shēng zǐ xǔ dì yuē
先抱族人子育之，未几，其妻生子诩。弟曰：
xiōng jì yǒu zǐ ān yòng suǒ bào zhī ér wèi xìng yǐ yǔ wǒ
“兄既有子，安用所抱之儿为？幸以与我。”
xiōng gào qí qī qī yóu zài rù yuē wú zǐ ér bào zhī yǒu
兄告其妻，妻犹在蓐①，曰：“无子而抱之，有
zǐ ér qì zhī rén wèi wǒ hé dì gù qǐng sǎo yuē wú
子而弃之，人谓我何？”弟固请，嫂曰：“无
yǐ níng yǔ wú suǒ shēng zhě dì bù gǎn dāng sǎo jìng yǔ zhī
已，宁与吾所生者。”弟不敢当，嫂竟与之②。
hòu èr zǐ jiē chéng lì zhǎng yuē xǔ jì yuē xǔ xǔ zhī zǐ qiáo
后二子皆成立，长曰栩，季曰诩，栩之子樵、
yǒu xǔ zhī zǐ zhù jiàn jiē xiāng jì dēng dì suì wéi míng zú
槱，诩之子铸、鉴，皆相继登第，遂为名族。

【注释】①**蓐**：草席。**在蓐**：生孩子还没满月，产妇还在床上。②**竟**：结果。

【译文】宋代昌化一户姓章人家，有两兄弟，都没有儿子。哥哥先抱养了族人的孩子，不久，他妻子生下了儿子章诩。于是弟弟跟哥哥说：“哥哥既然生了儿子了，还要抱养的儿子做什么呢？还是给我吧。”哥哥告诉了妻子，妻子这时还在坐月子，说：“没有儿子的时候去抱养一个，生了儿子之后又不要他了，人家会怎么说我呢？”小叔一再请求，嫂子说：“不得已，不如把我亲生儿子给你吧。”弟弟不敢接受，但嫂子最后还是给了他。后来两个孩子都长大成人，大的叫章栩，小的叫章诩，章栩的儿子叫章樵、章槱，章诩的儿子叫章铸、章鉴，都先后中了进士，于是章家就成了有名望的家族。

bā shí sān shào dì huà sǎo

八十三 少娣化嫂

【原评】吕坤曰："天下易而家难，家易而姒娣(姒娣：妯娌，兄弟妻子的合称。)难。专利，辞劳，好谗，喜听，妇人之常性也。然始于彼之无良，成于我之相学。三争三让，天下无贪人矣，三怒三笑，天下无凶人矣。贤者化人从我，不贤者坏我犹人耳。"

sòng cuī shào dì wéi sū jiā fù sū xiōng dì wǔ rén qǔ fù

【原文】宋崔少娣为苏家妇，苏兄弟五人，娶妇

zhě sì yǐ rì yǒu zhēng yán xì qiáng cāo rèn shào dì shǐ jià

者四矣，日有争言，阋墙操刃[1]。少娣始嫁。

rén yōu zhī shào dì shì sì sǎo zhí lǐ shèn gōng sǎo yǒu quē fá

人忧之。少娣事四嫂，执礼甚恭。嫂有缺乏，

jí yǐ jǐ wù wèi zhī gū yì qí sǎo shào dì yuē wú hòu

即以己物遗之。姑役其嫂，少娣曰："吾后

jìn dāng láo sǎo wèi shí bù xiān shí sǎo gè yǐ yuàn yán gào

进，当劳。"嫂未食，不先食。嫂各以怨言告

zhě shào dì xiào ér bù yán nǚ nú lái gào zhě chī zhī sǎo ér

者，少娣笑而不言，女奴来告者笞之。嫂儿

niào qí yī wú xī yì suì yú sì sǎo zì xiāng wèi yuē wǔ

溺其衣[2]，无惜意。岁余，四嫂自相谓曰："五

shěn dà xián wǒ děng fēi rén yǐ suì xiāng yǔ hé mù

婶大贤，我等非人矣。"遂相与和睦。

【注释】①**阋**：争吵。**阋墙**：内部争斗。**操刃**：拿刀。②**溺**：同"尿"。

【译文】宋代的崔少娣嫁给了苏家，苏家有五个兄弟，娶了妻子的有四个，每天都争吵，甚至打架。崔少娣刚嫁过来的时候，人们都担心她。崔少娣侍奉四个嫂子，很有礼貌，很恭敬。嫂子缺了什么东西，她就拿自己的给她们。婆婆使唤嫂子的时候，崔少娣就说："我是后来的，应当去做家务。"嫂子还没吃饭，她就不先吃。听到嫂子们诉说怨言，崔少娣总是笑着不说话。有婢女搬弄是非，她就打了那婢女。嫂子的儿子尿在她衣服上，她没有可惜衣服的意思。一年多后，四个嫂子自己说："五婶真是很贤惠，我们真不是人。"于是她们相处都很和睦了。

bā shí sì　zhū qī guǎng tì

八十四　朱戚广悌

【原评】戚氏广行悌道,不特遇娣姒和,视姒子如己子,且推而至于群从女,及兄弟遗孤,甚至博济婺州贫家各子女,而又非家资夙裕者,乃能如此,真所谓四海之内皆兄弟,天下一家矣。

sòng zhū zhèn hēng mǔ qī shì zǎo guǎ jiā dān shèn jiān
【原文】宋朱震亨母戚氏，蚤寡①，家单甚②，艰
qín qiáo cuì xiào shì jiù gū jiào zǐ yì fāng yù dì sì hé
勤憔悴。孝事舅姑，教子义方③，遇娣姒和，
shì sì zǐ rú jǐ zǐ lǐ jiā zhèng jǐng jǐng shāo yì yù fù zhēn
视姒子如己子，理家政井井，稍益裕。父贞
xiào xiān shēng shào pín qiě bìng yíng jiù yǎng liú shí nián ér zú bù
孝先生绍，贫且病，迎就养，留十年而卒，不
yǐ sāng zàng wéi kūn dì fèi xī pǐ zhī mǔ xiōng sǐ yù qí
以丧葬为昆弟费，悉庀之④。母兄死⑤，育其
sān gū zhū shì qún cóng nǚ pín bù néng xíng zhě bì fǔ jià wù
三孤。朱氏群从女，贫不能行者，毕抚嫁。婺
sú pín jiā chǎn zǐ duō zhé nì zhī bù jǔ qī yǐ lún lǐ xùn
俗贫家产子多⑥，辄溺之不举。戚以伦理训
chì yǐ sù bó cì zhī lài yǐ shēng zhě shèn zhòng
饬⑦，以粟帛佽之⑧，赖以生者甚众。

【注释】①**蚤**：同“早”。②**单**：弱。③**义方**：行事应该遵守的规范和道理。④**庀**：具备。⑤**母兄**：同个母亲生的哥哥。⑥**婺**：在今浙江金华市。⑦**训饬**：教训戒勉。⑧**佽**：帮助。

【译文】宋代朱震亨的母亲戚氏，很早就守寡了，家境很差，她就很艰难勤力地养家。她侍奉公公婆婆非常孝顺，教导儿子做人道理，对待丈夫的嫂子们都很和气，把侄子当成亲生的，料理家务井井有条，家境就渐渐富裕起来。她父亲贞孝先生戚绍，很贫穷，还生了病，她就把他迎接过来供养，十年后父亲去世了，丧葬费用不让兄弟们出，都是她自己备好的。她的同母哥哥死了，她就抚养他的三个孤儿。朱家那些很穷的堂侄女们，她都抚养着，并且给她们安排婚事。按照婺县的习俗，穷人家如果儿子生得太多，就会把儿子淹死，不再抚养了。戚氏就用伦理道德教导他们，拿米和布帮助他们，这样靠着她生活的人有很多。

bā shí wǔ　yáo lǐ tiān lún
八十五　姚里天伦

【原评】姚里氏不愿自袭其夫爵，已属难能可贵，更不愿己生之子袭其父爵，两番上奏，必以前妻所生之嫡子，袭其父爵，且愿以己生之子，代其扈从，是真无我相(我相：佛教用语，认识到自己的存在)者矣。不然，一辽妇耳，而能若此乎？

liáo wáng bù zhòng tuī liú gē wéi liáo wáng liú gē fèng jīn bì
【原文】辽亡，部众推留哥为辽王，留哥奉金币
guī yuán liú gē zú yuán shǐ liú gē jì fēi yáo lǐ shì pèi hǔ
归元。留哥卒，元使留哥继妃姚里氏佩虎
fú lǐng qí zhòng yáo lǐ shì zòu yuē liú gē jì mò guó mín
符[①]，领其众。姚里氏奏曰："留哥既没，国民
wú zhǔ qí zhǎng zǐ xuē dū hù cóng yǒu nián yuàn yǐ cì zǐ shàn
无主。其长子薛阇，扈从有年[②]，愿以次子善
gē dài zhī shǐ guī xí jué yuán yù bù qiǎn xuē dū zhào lìng shàn
哥代之，使归袭爵。"元欲不遣薛阇，诏令善
gē xí jué yáo lǐ shì fù zòu yuē xuē dū qián qī suǒ chū dí
哥袭爵。姚里氏复奏曰："薛阇前妻所出，嫡
zǐ yìng lì shàn gē qiè suǒ chū ruò lì zhī shì sī jǐ ér miè
子应立。善哥妾所出，若立之，是私己而蔑
tiān lún bù kě shì hòu yuán nǎi xǔ zhī
天伦[③]，不可示后。"元乃许之。

【注释】①**虎符**：兵符。②**扈从**：随从皇帝出行的人。③**蔑**：灭。

【译文】辽国灭亡之后，部下众人推举留哥做辽王，留哥进献了金银，归顺了元朝。留哥死后，元朝让留哥的继妃姚里氏掌握兵权，率领下属。姚里氏就上奏说："留哥已经死了，国里的百姓没有了君主。留哥的大儿子薛阇给皇上做随从很多年，希望让留哥的次子善哥代替薛阇的职务，让薛阇继承留哥的官爵。"元朝皇帝却不想让薛阇回去，就下诏让善哥继承官爵。姚里氏又上奏说："薛阇是留哥前妻生的，嫡子应该立为辽王。善哥是我生的，如果立他做辽王，那就等于我为了自己的私利而不顾伦理，这样做不可以给后世做榜样。"元朝皇帝也就答应了。

bā shí liù　wú qiū chū zī
八十六　吴邱出资

【原评】夫姊出嫁，举所赍资予之，悌也。同爨三百，独出所费无怨，亦悌也。视群从子如己子，其悌广矣。缩衣食以赡族姻，其悌尤广。至其夫官宁海，侍姑往，舅留，宁海有水鲜奇珍，先寄舅而奉姑，孝德可嘉矣。

yuán wú shì chāng qī qiū shì yáng gǔ rén chéng tóng shī fù
【原文】元吴世昌妻邱氏，阳谷人。成童失父①，
zuǒ zhū xiōng fèng mǔ yǐ xiào tì wén shì chāng yǐ míng jīng wéi zhè jiāng
佐诸兄奉母，以孝悌闻。世昌以明经为浙江
jǔ shǒu wěi qín yān jì guī fèng jiù gū hé xiān hòu bì
举首②，委禽焉③。既归，奉舅姑，和先后④，毕
zhōng jǔ yuē wú yú jié fū yǒu zǐ chū shì jǔ suǒ jī zī
中矩矱⑤，无逾节。夫有姊，出适⑥，举所赍资
yǔ zhī wú tóng cuàn sān bǎi zhǐ qiū zhǔ jiā zhèng hóng xiān fèi
予之⑦。吴同爨三百指⑧，邱主家政，洪纤费
jiē suǒ zì chū shì qún zòng zhī zǐ yóu jǐ zǐ yě rì jù jiā
皆所自出⑨。视群从之子，犹己子也，日聚家
shú zhōng zhí jīng xiū fú rú yī rén suì dà jiǎn dào jìn xiāng
塾中执经⑩，羞服如一人⑪。岁大俭⑫，道殣相
wàng suō yī shí yǐ shàn zú yīn rén yóu yǐ wéi nán
望⑬，缩衣食以赡族姻⑭，人尤以为难。

【注释】①**成童**：年龄稍大的儿童，八岁或十五岁以上。②**明经**：科举中考试经义的科目。③**委禽**：下聘礼。④**先后**：妯娌。⑤**矩矱**：规矩法度。⑥**适**：嫁。⑦**赍**：把东西送给别人。⑧**三百指**：三百人。⑨**洪**：大。**纤**：小。⑩**执经**：拿着经书，意思是接受教育。⑪**羞**：同“馐”，美味的食物。⑫**俭**：歉收。⑬**殣**：饿死。⑭**赡**：供给人财物。

【译文】元代吴世昌的妻子邱氏，是阳谷人。很年轻就失去父亲，帮着几个哥哥侍奉母亲，很孝顺友爱，因此出了名。吴世昌在明经考试中考上了浙江第一名，就向邱氏下了聘礼。等邱氏嫁过去之后，她侍奉公公婆婆，跟各位妯娌相处，都很守规矩，没有稍越礼法。丈夫有个姐姐，出嫁的时候，邱氏就把自己的钱财都给了她。吴家一起吃饭的有三百个人，邱氏当家，管理了家政，大小费用都自己出。她把那些堂侄子看作好像自己的儿子，每天一起聚在家塾里读书，给他们吃的穿的都是一样的。有一年庄稼歉收，路上都是饿死的人。邱氏就节衣缩食，拿钱财接济亲族，人们觉得这样做是特别难得的。

bā shí qī　zhān xú rèn qiè
八十七　詹徐认妾

【原评】妇人每不愿其夫之有妾，更不愿夫妾之有子，况尚未成为妾乎？况其所私者为一婢乎？况系未婚以前其夫之私生子乎？乃徐氏知而迎之，正而妾之，恩而抚之，且以得子并得妾为幸，其孰能之？

【原文】

míng zhān qióng jì qī xú shì lóng yóu rén qióng qián qī mò
明詹琼继妻徐氏，龙游人。琼前妻没
hòu yǔ bì tōng shēng zǐ jié xú fù mǔ wén zhī bù kěn guī
后，与婢通，生子杰。徐父母闻之，不肯归
nǚ qióng nǎi nì jié mǔ zǐ yú wài jiā xú jì jià yuè yú yǐ
女，琼乃匿杰母子于外家。徐既嫁月余，以
xún qióng qióng duì zhī wú xú yuē guǒ shì rǔ zǐ zé yǔ wǒ
询琼，琼对枝梧①。徐曰："果是汝子，则与我
zǐ hé yì suī qí mǔ yì wú suǒ yuàn jiàn yě qióng chá qí cí
子何异？虽其母亦吾所愿见也。"琼察其词
yì zhēn qiē yǐ shí gào xú lì qù yíng guī yuē bù dú dé
意真切，以实告。徐立趣迎归②，曰："不独得
zǐ qiě dé qiè zhēn wǒ xìng yě yuán shǐ bì zhèng qiè lǐ yù
子，且得妾，真我幸也。"爰使婢正妾礼③，育
jié shèn ēn wèi jǐ qióng zú suì yǔ bì fǔ jié chéng lì
杰甚恩。未几，琼卒，遂与婢抚杰成立。

【注释】①**枝梧**：支吾，用含混的话搪塞。②**趣**：催促。③**爰**：于是。

【译文】明朝詹琼的继妻徐氏，是龙游人。詹琼在前妻死后，跟婢女私通，生了儿子詹杰。徐氏的父母听说了，就不肯把女儿嫁给詹琼，詹琼就把詹杰母子藏在了外婆家。徐氏嫁过去一个多月，就问起詹杰母子的事，詹琼就支支吾吾，含混其词。徐氏说："如果真是你儿子，那跟我自己的儿子有什么区别呢？即使是他母亲，也是我想见面的呢。"詹琼看她言辞很真切，就告诉了她实情。徐氏立马催促他把母子接回来，说："这样不但有了儿子，还有了妾，真是令人高兴。"于是就让婢女行了妾的礼，抚养詹杰也很有恩义。不久，詹琼死了，徐氏就跟妾一起抚养詹杰长大。

bā shí bā lǐ zhèng jīn chāi

八十八　李郑金钗

【原评】郭夑(夑:音xiè)熙谓:“世禄之家,须德优于福,乃能悠久。若福优于德,而复求增,便渐满盈,天道亏之矣。曾文正(曾文正:曾国藩谥号文正)以‘求阙’名斋,盖深明此义耳。乃李郑氏已早见及,是为识大体。而嫡庶之不异视,尤足征其盛德。”

míng tài bǎo lǐ suì qī zhèng shì shēng yī zǐ jì xiān jí
【原文】明太保李燧妻郑氏①，生一子继先。即
wéi suì nà cè shì shēng zǐ jì guāng zhèng shì qīn bào yù zhī ài
为燧纳侧室②，生子继光，郑氏亲抱育之，爱
rú jǐ chū sì hòu jì xiān wéi lì bù zhǔ shì yù qiú qí mǔ
如己出。嗣后继先为吏部主事③，欲求其母
zhī jīn chāi yǐ wèi zhǎng sūn nà fù zhèng shì bù yǔn xuán chū yǐ
之金钗，以为长孙纳妇。郑氏不允，旋出以
zhù jì guāng hūn huò wèn zhī zhèng shì yuē jì guāng wú sī cái
助继光婚。或问之，郑氏曰：“继光无私财，
qiě sūn zhì zǐ ěr chí zhī kě yě jì xiān shāo yíng jiā chǎn zhèng
且孙稚子耳，迟之可也。”继先稍营家产，郑
shì bú yuè yuē wǒ cháng yōu wú jiā fú yōu yú dé jīn fù qiú
氏不悦，曰：“我常忧吾家福优于德，今复求
zēng hū rén jiē wèi zhèng shì néng shí dà tǐ
增乎？”人皆谓郑氏能识大体。

【注释】①**太保**：官名，三公之一。②**侧室**：妾。③**嗣后**：以后。

【译文】明代一个太保叫李燧，他妻子是郑氏，生了一个儿子叫李继先。她又给李燧娶了妾，生了一个儿子叫李继光，郑氏亲自抱他养他，像亲生儿子一样疼爱。后来李继先做了吏部主事的官，想要母亲的金钗，用来给大孙子娶媳妇。郑氏不答应，不久就把金钗给了李继光，资助他娶媳妇。有人问她这是为什么，郑氏说：“继光没有自己的财产，况且孙子还只是个小孩，可以晚一点再安排婚事。”后来李继先去经营家产，郑氏就很不高兴，说：“我常担心我们家所受的福气已经好于我们的功德，现在怎么能再求增加呢？”人们都说郑氏能明白大道理。

bā shí jiǔ　wèi wáng xiè guò
八十九　魏王谢过

【原评】郭燮熙曰："兄弟之好，以妇人败，所谓'花底莺声巧，天边雁影疏'，传之千秋，脍炙人口矣。乃魏王氏独能为夫谢过于其兄，兄叹其贤，且劝夫宽待母族之弱息，夫亦称善，妇德纯全，巾帼(巾帼：妇人的头巾和发饰，借指妇女)中能有几人哉？"

míng wèi zhōng ǒu shī yú qí xiōng qī wáng shì wén zhī zhì jù
【原文】明魏钟偶失于其兄，妻王氏闻之，治具
yán xiōng wèi fū xiè guò hū èr ér shǐ shì shí yān xiōng yōng
延兄①，为夫谢过②，呼二儿使侍食焉。兄镛
gù jùn shuǎng shì tàn yuē wú wén xiōng dì zhī hǎo yǐ fù rén
固俊爽士③，叹曰："吾闻兄弟之好，以妇人
bài wèi wén yǐ fù quán yě wú dì fù qí xián yǐ zāi yī
败，未闻以妇全也。吾弟妇其贤矣哉。"一
rì zhōng xián qí biǎo xiōng zhī zǐ yuē bēi yòu yě nǎi shuò fàn
日，钟嗛其表兄之子④，曰："卑幼也，乃数犯
wǒ wáng shì yuē jūn mǔ zú wéi yī xī ěr nài hé bù néng
我。"王氏曰："君母族惟一息耳⑤，奈何不能
kuān róng zhōng jù rán chēng shàn hòu sūn xiào chéng jìn shì jí zhuāng
宽容？"钟瞿然称善⑥。后孙校成进士，即庄
qú xiān shēng rén xián lùn qí wéi mǔ dé suǒ zhì yún
渠先生，人咸论其为母德所致云。

【注释】①**治具**：设宴。**延**：邀请。②**谢过**：为过错道歉。③**俊爽**：豪爽。④**嗛**：怀恨。⑤**息**：儿女。⑥**瞿然**：惊悟的样子。

【译文】明代的魏钟偶然得罪了哥哥，妻子王氏听说后，设了酒席邀请他哥哥来，替丈夫向他哥哥道歉，叫两个儿子侍奉伯伯吃饭。魏钟的哥哥魏镛原本就是个豪爽的人，感叹道："我只听说兄弟之间的感情，会因为妇人而破坏，还没有听说过因为妇人而成全的。我的弟妇真是贤惠。"有一天，魏钟对他表兄的儿子怀恨在心，说："他只是个小辈，竟然多次冒犯我。"王氏说："你母亲家族只剩下这个孩子了，为什么不能对他宽容呢？"魏钟突然明白了，觉得王氏说得对。后来他的孙子魏校中了进士，就是庄渠先生，人们都说这是王氏积德得来的。

jiǔ shí huáng mù tóng jū

九十 黄穆同居

【原评】黄氏贤矣哉，而穆氏亦贤。父兄且论纯而归女也，穆氏以理喻之。夫礼无二妻，其咎固在于纯耳。黄氏初则欲让穆而归于乡里，继以女妹礼而事其父兄，厥(厥：代词，那个)事遂寝。家有贤妻，夫不吃亏，故曰内助也。

míng pān chún qī huáng shì sū zhōu rén chún guān běi jīng gèng
【原文】明潘纯妻黄氏，苏州人。纯官北京，更
qǔ mù shì mù fù xiōng bù zhī chún yǒu huáng yě wèi jǐ huáng zì
娶穆氏，穆父兄不知纯有黄也。未几，黄自
sū zhì jīng chún guǎn zhī bié shì mù zhī zhī zhí mèi lǐ yǐ jiàn
苏至京，纯馆之别室。穆知之，执妹礼以见。
huáng yuē wú lái bù zhī yǒu rǔ jiā yǒu zǐ fù tián zhái wú dāng
黄曰：“吾来不知有汝。家有子妇田宅，吾当
huán rǔ shàn shì jūn zǐ nǎi wèi yǐ zhū cuì xiá pèi mù fù
还，汝善事君子。”乃遗以珠翠霞帔①。穆父
xiōng zhī huáng zhì jiāng lùn chún ér guī nǚ mù lǐ yù zhī huáng fù
兄知黄至，将论纯而归女。穆理喻之，黄复
yǐ nǚ mèi lǐ shì qí fù xiōng shì suì qǐn hòu chún zǎi xìn yáng
以女妹礼事其父兄，事遂寝②。后纯宰信阳③，
yíng huáng mù tóng jū shí liù nián wú jiàn yán
迎黄、穆同居，十六年无间言。

【注释】①**珠翠**：首饰。**霞帔**：妇女的礼服。②**寝**：平息。③**宰**：主管，做官。

【译文】明代潘纯的妻子黄氏，是苏州人。潘纯在北京做官，又娶了穆氏，穆氏的父亲兄长并不知道潘纯有妻子黄氏。不久，黄氏从苏州到了北京，潘纯让黄氏住在别的屋子。穆氏知道了，就向黄氏行妹妹的礼节，跟黄氏见了面。黄氏说：“我来的时候不知丈夫娶了你。现在我们家那边还有儿子媳妇，田地房屋，我应当回去，你就好好服侍丈夫吧。”于是把珠翠霞帔都给了穆氏。穆氏的父亲和兄长知道黄氏到来，就想和潘纯理论，并且要把穆氏接回去。穆氏就跟父兄讲道理，解释清楚，黄氏也用女儿和妹妹的礼节对待穆氏的父兄，事情就这样平息了。后来潘纯做了信阳的县官，就把黄氏和穆氏迎接过去一起住，之后在一起的十六年间都没有说过对方的坏话。

jiǔ shí yī　zhāng pān gào sì

九十一　张潘告姒

【原评】兄弟本至亲也，姒娣本疏。而以兄弟亲也，第奴舍客，疏之至也。兄弟之不和，非伤于姒娣，必伤于左右。然物必先腐也，而后虫生之。如有潘氏者在，左右其奈之何？吾故以兄弟不和之罪，尽归于姒娣。

míng zhāng jì zhī jì qī pān shì hòu qián shì zhī jiā rú jǐ
【原文】明张冀之继妻潘氏，厚前室之家如己
jiā zì tā jī zhī zǐ rú jǐ zǐ jì zhī yǒu xiōng sù yǔ jì
家，字他姬之子如己子。冀之有兄，素与冀
zhī yǒu ài ǒu wéi qí zuǒ yòu suǒ lí jiàn pān shì nǎi cóng róng gào
之友爱，偶为其左右所离间。潘氏乃从容告
qí sì fù yuē dì zhī yú sì yǐ hé ér qīn sì fù
其姒妇曰[①]：“娣之于姒，以何而亲？”姒妇
yuē yǐ xiōng dì ér qīn yě pān shì yuē rán zé dì nú shě
曰：“以兄弟而亲也。”潘氏曰：“然则第奴舍
kè bǐ qīn xiōng dì chéng yǒu jiàn yǐ tā rén néng yǐ shū jiàn qīn
客[②]，比亲兄弟诚有间矣。他人能以疏间亲，
wǒ dú bù néng yǐ qīn shǐ qīn cǐ wú fū fù guò yě qí xiōng
我独不能以亲使亲，此吾夫妇过也。”其兄
wén zhī qì fù huān hǎo rú chū
闻之泣，复欢好如初。

【注释】①**姒妇**：弟之妻称兄之妻为姒妇。②**第奴舍客**：指周围的人。

【译文】明代张冀之的继妻潘氏，很厚待丈夫前妻的娘家，就像对自己娘家一样，对待其他妾生的儿子，就像对自己亲生儿子一样。张冀之有个哥哥，向来跟张冀之很友爱，偶然一次被周围的人挑拨离间。潘氏就慢慢地跟张冀之的嫂子说：“弟弟的妻子跟哥哥的妻子，因为什么而亲近起来呢？”张冀之的嫂子说：“是因为了兄弟的关系才亲近起来的。”潘氏说：“既然这样，那么周围这些旁人跟亲兄弟相比，的确是有亲疏分别的。别人能用疏远的人来离间亲近的人，我却不能让亲近的人更加亲近，这是我们两夫妇的错。”张冀之的哥哥听说之后哭了，两兄弟又和好如初了。

jiǔ shí èr　jì wú bì tián
九十二　季吴畀田

【原评】已生三子而复置妾，非义也。父卒而子分余产，常情也。嫡室每偏护己子而轻视妾子，恶俗也。吴氏引妾同居一室，调护其子，无异己出，可谓一视同仁矣。乃偏护妾子，以余产尽畀之，贤哉吴氏也。

míng jì zài cháng qī wú shì chóng rén rén guī jì hòu shēng
【原文】明季在常妻吴氏，崇仁人。归季后，生
yǒu sān zǐ jù yǐ shòu shì fēn chuī yǐ ér zài cháng fù nà yī
有三子，俱已授室分炊矣①。而在常复纳一
qiè hòu shēng yī zǐ jí jí jí zài cháng zhǔ wú shì yuē shàn
妾，后生一子。及疾革②，在常嘱吴氏曰："善
fǔ cǐ zǐ wú shì fèng mìng wéi jǐn zài cháng zú wú shì yǐn qiè
抚此子。"吴氏奉命惟谨。在常卒，吴氏引妾
tóng jū yī shì diào hù qí zǐ wú yì jǐ chū hòu sān zǐ yù
同居一室。调护其子，无异己出。后三子欲
gòng fēn yú chǎn wú shì yuē cǐ tián nǎi rǔ fù liú yǐ bì qiè
共分余产，吴氏曰："此田乃汝父留以畀妾
zǐ zhě wú ruò tīng rǔ bèi fēn zhī zé shì wǒ wú fū ér rǔ
子者③，吾若听汝辈分之，则是我无夫，而汝
bèi wú fù yǐ sān zǐ nǎi zhǐ
辈无父矣。"三子乃止。

【注释】①**授室**：娶妻。②**革**：通"亟"，危急，病重。③**畀**：给。

【译文】明代季在常的妻子吴氏，是崇仁人。嫁给季在常后，生了三个儿子，都已经娶了妻子，分开住了。季在常又娶了一个妾，后来又生了一个儿子。等到季在常病重的时候，他吩咐吴氏说："你要好好抚养这个孩子。"吴氏很恭敬地答应了。季在常死了，吴氏就把他的妾接过来一起住在一个屋子。她照顾妾的儿子，跟自己的儿子没有不同。后来她自己的三个儿子想要分掉剩下的财产，吴氏说："这些田地是你们的父亲留着给他的妾和妾的儿子的，我如果听你们的话，把田地分了，那就是我心里没有了丈夫，而你们心里也没有了父亲了。"三个儿子于是作罢。

九十三　王丁乳侄

jiǔ shí sān　wáng dīng rǔ zhí

【原评】王丁氏恐叔嗣将斩，寄女抚孤。而序礼继死，已无所出，夫嗣竟斩。或谓天道无知，非也。设(设：假设)丁氏当时不易乳抚孤，其舅姑之祀(祀：香火，血脉)，且尽斩矣。叔之子，亦犹己之子也。卒赖叔子终老，谓非抚侄所致乎？

míng wáng xù lǐ qī dīng shì wǔ hé rén xù lǐ dì xù jué
【原文】明王序礼妻丁氏，五河人。序礼弟序爵
kè yú wài wéi zéi suǒ shā qí qī guō shì yí fù shēng zǐ yuè
客于外，为贼所杀。其妻郭氏，遗腹生子，越
yuè tóu huán yǐ xùn dīng shì shì shēng nǚ qì wèi xù lǐ yuē
月，投缳以殉①。丁氏适生女②，泣谓序礼曰：
shū yǐ bú xìng kè sǐ shěn fù qì gū xùn zhī cǐ gū gū zhě
“叔已不幸客死，婶复弃孤殉之，此呱呱者③，
jūn yǔ qiè zhī zé yě qiè chū jǔ nǚ hòu shàng yǒu qī gū wáng
君与妾之责也。妾初举女④，后尚有期。孤亡
zé zhǎn shū zhī sì qiě fù shěn yǐ yuàn yǐ nǚ jì yǎng tā jiā ér
则斩叔之嗣，且负婶矣。愿以女寄养他家而
fǔ gū xù lǐ cóng zhī wèi jǐ xù lǐ yì sǐ dīng shì wú
抚孤。”序礼从之。未几，序礼亦死，丁氏无
suǒ chū suì fǔ shū zǐ zhōng lǎo
所出，遂抚叔子终老。

【注释】①缳：绳套。投缳：上吊。②适：刚好。③呱呱：小孩的哭声。④举：生育。⑤设：假设。⑥祀：香火，血脉。

【译文】明代王序礼的妻子丁氏，是五河人。王序礼的弟弟王序爵在外面旅行的时候，被强盗杀死了。他妻子郭氏生下一个遗腹儿子，过了一个月，她就上吊死了。那时丁氏刚好生了一个女儿，她哭着跟王序礼说：“叔叔已经不幸在外面死了，婶婶又丢下孤儿自己死了。现在这个啼哭的孩子就是我们的责任了。我现在刚生了女儿，以后生儿子还有希望。如果这个孩子也死了，就是断绝了叔叔的后代，并且也辜负了婶婶。我愿意把我们的女儿寄养到别的人家，我们自己来抚养这个孤儿。”王序礼就听从了她的话。不久，王序礼也死了，丁氏没有生下儿子，就终身抚养着侄子。

九十四　樊女拒媒

jiǔ shí sì　fán nǚ jù méi

【原评】抚育弟妹，矢志不嫁，非易易(易易：很容易)事。其拒媒妁之辞哀，其教弟妹之心苦，其举婚嫁之礼备，可谓无一不善矣。乃弟妹事毕，年已三十，竟与戚鄙屏绝往来，虽诸姑娣姒，罕见彼面。其铁石贞心，尤可钦敬。

míng fán shì nǚ cháo zhōu rén nián jì jī ér fù mǔ wáng

【原文】明樊氏女，潮州人。年既笄而父母亡①，

èr dì yī mèi bìng yòu zhì nǚ shǐ zhì bú jià fǔ yù èr dì

二弟一妹并幼稚，女矢志不嫁，抚育二弟。

lǐ zhōng jù xìng wén zhī zhēng qiǎn méi shuò zhì yì nǚ xiè yuē

里中巨姓闻之，争遣媒妁致意②。女谢曰③：

bú xìng jiā shì zhōng shuāi dì mèi shàng wèi chéng lì wéi yǒu xiāng yī

“不幸家世中衰，弟妹尚未成立，惟有相依

wéi mìng ér yǐ jí dì mèi hūn jià bì nǚ nián yǐ sān shí suì

为命而已。”及弟妹婚嫁毕，女年已三十，遂

yǔ qī dǎng píng jué wǎng lái suī zhū gū dì sì hǎn jiàn qí miàn

与戚党屏绝往来，虽诸姑娣姒，罕见其面。

dì huò bú shì shì zhé tì qì dào zhī jí zú nián qī shí

弟或不事事④，辄涕泣道之⑤。及卒，年七十

yú dì zhí yǐ xià jiē wèi fú sān nián sāng

余，弟侄以下，皆为服三年丧。

【注释】①**笄**：簪子，借指女子十五岁可以盘发插笄的年龄，即成年。②**妁**：媒人。③**谢**：推辞。④**事事**：做事，有作为。⑤**道**：同“导”，教导。

【译文】明代一户姓樊人家的女儿，是潮州人。刚成年父母就去世了，两个弟弟和一个妹妹都还很小，樊氏女就立誓不嫁人，要抚养弟弟妹妹长大。乡村里有钱的人家听说了，都争相派媒人来表达求婚的意思。樊氏女就推辞说：“我们家很不幸，如今已经衰落，弟弟妹妹还没有成年，现在只有相互依靠了。”等到弟弟妹妹的婚事都完成之后，她已经三十岁了，就跟亲戚们断绝了来往，即使是姑姑婶婶之类的亲戚也很少见面。弟弟有时很没有作为，她就哭着教导他。她七十多岁去世，弟弟侄子和更小的小辈都为她穿了三年的丧服。

jiǔ shí wǔ jiǎng nǚ bǎo dì

九十五　蒋女保弟

【原评】蒋女年已十七，正及笄待嫁时也。然其父母亡时，二弟既幼且病，诚岌岌乎其危矣。设非蒋女立志守贞，善为抚养，蒋氏之鬼，不其馁而(馁而：饥饿)。是不特彼二弟应感其恩，即蒋氏之祖宗，当亦感之不尽矣。

míng jiǎng xī mǐn nǚ quán zhōu rén nián shí qī fù mǔ jù

【原文】明蒋希敏女，全州人①。年十七，父母俱

wáng èr dì jūn nián yòu qiě huàn bìng nǚ nǎi lì shì bú jià mǔ

亡，二弟均年幼，且患病，女乃立誓不嫁。母

zú yù wèi zhī méi wǎng gào yǐ yì nǚ yuē jǐ cóng fū ér zhì

族欲为之媒，往告以意。女曰："己从夫而致

èr dì shī suǒ fù sì yǐ wēi ér wèi wǒ rěn hū zāi yuàn yǐ

二弟失所，父嗣以危，而谓我忍乎哉？愿以

yī shēn bǎo wú fù bǎi nián zhī xuè shí wǒ jì yǐ jué qí wù

一身保吾父百年之血食②，我计已决，其勿

duō yán mǔ zú nǎi zhǐ yì nǚ shǒu fù yí yè shàn fǔ èr

多言。"母族乃止议。女守父遗业，善抚二

dì dì jí jiàn chōu jí zhǎng gè wèi qǔ fù jiā yè rì ráo

弟，弟疾渐瘳③。及长，各为娶妇，家业日饶④。

èr dì gǎn qí ēn zhōng shēn jìng shì zhī rú mǔ

二弟感其恩，终身敬事之如母。

【注释】①**全州**：在今广西桂林市。②**血食**：受享祭品。③**瘳**：痊愈。④**饶**：富有。

【译文】明代蒋希敏的女儿，是全州人。她十七岁的时候，父母都去世了，两个弟弟却还很小，而且生了病，所以她立誓不嫁人。母亲家里的人想给她做媒，就去告诉她这个意思。她说："如果我自己嫁出去，而导致两个弟弟没人照顾，父亲的后代就危险了，你说我怎么忍心这样？我情愿牺牲自己，来保全我父亲百年的祭祀，我已经下了决心，请你们不用再说了。"母亲家里的人就不再说起这件事了。她守护着父亲的遗产，好好地抚养着两个弟弟，弟弟的病渐渐好起来了。等到两个弟弟都长大了，她就给他们都娶了妻子，家产也一天天富裕起来。两个弟弟都感激她的恩情，就终身恭敬地侍奉她，像侍奉母亲一样。

jiǔ shí liù　jiā yīng fǔ gū
九十六　佳英抚孤

【原评】矢志不嫁，失人伦之正，不足以为训，而未可概于抚侄与抚弟抚妹之人也。惟佳英之境遇则更苦，幼失怙恃，幸依兄嫂。三兄窜死，三嫂既亡，遗孤众多，以一身兼任三兄三嫂之责，非志坚者能之乎？

míng zhāng shì nǚ jiā yīng chí zhōu rén tiáo líng shī hù shì
【原文】明章氏女佳英，池州人。髫龄失怙恃[1]，
yī qí xiōng sǎo ér jū qí xiōng sān rén fù jūn yǐ bū fù ér cuàn
依其兄嫂而居。其兄三人，复均以逋赋而窜
sǐ yí gū jiē zài huái bào jiā yīng nǎi yǔ sān sǎo móu lìng qí
死[2]，遗孤皆在怀抱。佳英乃与三嫂谋，令其
gè xié gū nì yú wài jiā jiā yīng shēn cāo jiā shì yīn wèi diào
各携孤，匿于外家。佳英身操家事，阴为调
hù dài shì jì jiě nǎi huán wèi jǐ sān sǎo xiāng jì ér
护[3]。迨事既解[4]，乃还。未几，三嫂相继而
yǔn jiā yīng tàn yuē wú fù mǔ xuè shí jiāng jué bù kě jià
殒。佳英叹曰："吾父母血食将绝[5]，不可嫁
yǐ suì shǐ zhì fǔ zhū gū jí zhū gū chéng lì ér jiā yīng yǐ
矣。"遂矢志抚诸孤。及诸孤成立，而佳英已
lǎo nǎi bú jià zhōng qí shēn
老，乃不嫁终其身。

【注释】①**髫**：小孩头上扎起来的下垂头发。**髫龄**：幼年。**怙恃**：父母。②**逋**：拖欠。**窜**：逃亡。③**阴**：暗地里。④**迨**：等到。⑤**血食**：受享祭品。

【译文】明代一户姓章人家的女儿叫佳英，是池州人。很小的时候就失去父母，依靠着哥哥嫂子生活。她有三个哥哥，都因为欠税逃跑而死，留下的孤儿都很小，还在母亲的怀抱里。章佳英就跟三个嫂子商量，让她们各自带着孩子躲到娘家去，章佳英自己则留下当家，暗中保护她们，等到官司结束了，她们才回来。不久，三个嫂子先后死了。章佳英叹息说："我父母的祭祀就要断绝了，我不能去嫁人了。"于是立誓抚养几个侄子。等到孩子们都长大了，章佳英自己已经老了，就终身都没有出嫁。

欧阳贤嫂图